家庭でできる51のポイント

コミュニケーション力豊かな子どもを育てる

菊池省三

中村堂

コミュニケーション力豊かな子どもを育てる家庭でできる51のポイント

もくじ

第1章　コミュニケーション力を育てよう　……………………5

◆写真で見る菊池学級の実際①　………………………… 12

第2章　親子でコミュニケーション術　………………… 13

　1時間目　「ほめ言葉のシャワー」で温かい関係をつくろう ……14
　2時間目　あふれさせたい言葉、なくしたい言葉 ……………… 16
　3時間目　小さな「っ」のある返事をしよう！ ………………… 18
　4時間目　「ありがとう」がセットになる話し方 ……………… 20
　5時間目　「3D言葉」から「3Y言葉」の使い手に ………… 22
　6時間目　あいさつを鍛え、レベルを上げよう ………………… 24
　7時間目　まず受容して子どもの言葉を引き出す！ …………… 26
　8時間目　反省は三点セットで …………………………………… 28
　9時間目　「しかし」のある考え方もさせよう ………………… 30
　10時間目　相手を否定しない会話をしよう ……………………… 32
　11時間目　「問い」と「答え」を一致させよう！ ……………… 34
　12時間目　「どうぞ〜ありがとう」を当たり前にしよう ……… 36
　13時間目　ハキハキと美しい日本語で！ ………………………… 38
　14時間目　理由を考えさせよう …………………………………… 40
　15時間目　相手に合った言葉"遣い"をさせよう ……………… 42
　16時間目　"クッション言葉"を教えよう ……………………… 44
　17時間目　人と意見を区別させよう！ …………………………… 46
　18時間目　言葉の無駄遣いをやめさせよう！ …………………… 48
　19時間目　笑顔で会話ができる子にしよう ……………………… 50

- 20時間目　主語のある会話ができるようにさせよう …………… 52
- 21時間目　自分のことを自分の言葉で話させよう …………… 54
- 22時間目　姿勢の大切さを教えよう ………………………… 56
- 23時間目　相手や目的を考えて話させよう ………………… 58
- 24時間目　具体的に自分の言葉で話させよう ……………… 60
- 25時間目　あいさつに一言つけて「敬語化」させよう ………… 62

◆**写真で見る菊池学級の実際②** …………………………… 64

第3章　学校から学ぶ子育て術 …………………………… 67

- 1時間目　「価値語」で考え方や行動をプラスの方向へ ………… 68
- 2時間目　子どもが答えやすい質問をしよう ………………… 70
- 3時間目　自分から話しかけられる子どもを育てよう ………… 72
- 4時間目　思いやりのある発言をさせよう …………………… 74
- 5時間目　具体的に話すことを意識させよう ………………… 76
- 6時間目　1年後に言われたい言葉 …………………………… 78
- 7時間目　結論をはっきり話させよう ………………………… 80
- 8時間目　価値ある無理をさせよう …………………………… 82
- 9時間目　質問・感想を"セット"にさせよう ………………… 84
- 10時間目　「ありがとう」を増やそう ………………………… 86
- 11時間目　「小さな反応」を大切にしよう …………………… 88
- 12時間目　「たいたい言葉」に気をつけさせよう ……………… 90
- 13時間目　言葉がセットになる行為の指示を掲示しよう ……… 92
- 14時間目　「うれしかった一言」「悲しかった一言」を
　　　　　　　伝え合う時間をつくろう ………………………… 94
- 15時間目　「すみません」を無意識に使わないようにしよう …… 96
- 16時間目　強引な価値付けをしよう ………………………… 98

◆**写真で見る菊池学級の実際③** ………………………… 100

第4章　大人も子どもも一緒でしょ …………………………103
　　1時間目　叱られるよりもほめられた方がうれしい ……………104
　　2時間目　好きな人とは話したいが、
　　　　　　　嫌いな人とは話したくない …………………………106
　　3時間目　自信が生まれるのは、安心できる場所 ………………108
　　4時間目　最初は抵抗があることでも
　　　　　　　練習するとほとんどのことは上達する ………………110
　　5時間目　何事も軌道に乗ればいいことが起こる ………………112
　　6時間目　違う立場の人との出会いは成長である ………………114
　　7時間目　対話をしている時に新しい気づき発見が生まれる …116
　　8時間目　非日常の感動体験は忘れられない ……………………118
　　9時間目　読書をしたら得した気持ちになる ……………………120
　　10時間目　新しく知った言葉は使いたくなる ……………………122

おわりに …………………………………………………………………124

第1章

コミュニケーション力を育てよう

第1章 コミュニケーション力を育てよう

■ コミュニケーション教育のスタート

　私は、2015年3月末にそれまで勤めた福岡県北九州市の小学校教員の職を辞しました。

　33年間の教員生活は、1982年（昭和57年）にスタートしましたが、時代が昭和から平成に変わる頃、教室に大きな変化があったように思います。

　自分の年齢が30歳を超えた教師生活9年目のことです。その年に担任したのが、前年度に「学級崩壊」をしていたクラスでした。その時の子どもたちは5年生からそのまま持ち上がりでしたので、クラスの子どもたちは同じで、担任である私が替わっただけでした。

　新年度のスタートの日、私は、「先生は、みんなと今日会ったばかりでみんなのことが分からないから、自己紹介をしてください」と言って促しました。

　すると、30何人かの中の3、4人が自己紹介をできずに泣き出してしまったのです。「私の名前は、○○○○です。好きなスポーツは、サッカーです」というレベルの自己紹介です。

　私は本当に驚きました。学級崩壊していたような集団の中では、安心して自分を開示することができないのだということに気づいた最初でした。それまでは、原稿用紙100枚以上の作文を書かせるという取り組みを普通にしてきて、子どもたちがそれに応えてくれていた教室が、自己紹介さえできずに泣き出す教室に変化しつつあったのです。

　私は、まずは「人前でひとまとまりの話ができる子どもに、1年間で育てなくてはいけない」と思いました。

　そこで着目したのがコミュニケーション教育です。ただ、私自身がコ

ミュニケーションに関する教育を受けていないわけですから、教えることができるはずもありません。一般書やビジネス書の中から参考になるものを探し出し、何をどのように教えたらよいかを考えながら、小学校における「コミュニケーション教育」のあり方を模索しました。

　試行錯誤の連続でしたが、コミュニケーションの指導をしていくと、子どもたちの大きな成長を実感しました。一人ひとりが積極的になったり、友達と友達の横の関係が温かくなったりしていく様子を見て、コミュニケーション教育は、人間形成にとても良い影響を与えることができると感じたのです。

■ **教育の目的とコミュニケーション教育**

　私の考える教育の目的は、「公(おおやけ)社会に生きる人間を育てる」ことであり、「人としての在りようを追究する」ことです。

　現在、文部科学省では次期学習指導要領（学校教育の目的や目標を達成するための教育計画の基本を定めたもの）改定の準備を進めています。その審議のまとめの報告書（2016年8月26日付文部科学省中央教育審議会初等中等教育分科会教育課程部会）の中で、次のように述べています。

> 　学びの質は、（中略）子供たちが、主体的に学ぶことの意味と自分の人生や社会の在り方を結びつけたり、多様な人との対話で考えを広げたり、各教科等で身に付けた資質・能力を様々な課題の解決に生かすよう学びを深めたりすることによって高まると考えられる。こうした「主体的・対話的で深い学び」が実現するように、日々の授業を改善していくための視点を共有し、授業改善に向けた取組を活性化しようとするのが、「アクティブ・ラーニング」の視点である。

「コミュニケーション教育」は、この中の「主体的・対話的で深い学び」であり、「アクティブ・ラーニング」そのものです。その意味で、私は

「時は来た」と思っているのです。「知識注入型の一斉指導」から「対話・話し合い型の考える指導」への転換が求められているのです。

■コミュニケーション教育の重要性

こうした教育の目的をトータルに考えたとき、改めてコミュニケーション教育は人格形成の上で欠かせない教育であると思います。そして、今、学校教育、家庭教育を問わず、コミュニケーション教育を取り入れる重要性を強く感じているのです。

コミュニケーション能力の発達は、子どもにとってどのような意義があるのかということを、私は以下の8項目に整理しています。

> ①社会生活をスムーズに行うことができるようになる。
> ②いろいろな知識や情報を得ることができるようになる。知的発達が促される。
> ③自分で考えたり、判断したり、まとめたりする力が向上する。
> ④友達関係が豊かになる。お互いを深く知ることができるようになる。
> ⑤嫌なことを拒否したり、危機的な場面で助けを求めたりすることができるようになる。
> ⑥思いやりの心を具体的に示すことができるようになる。
> ⑦自信・自尊感情を高める。
> ⑧ストレスを解消し、心の健康を保つことができるようになる。

学級崩壊やいじめといった、現代の教育を巡る諸問題も、全ては言葉に起因していると言ってよいでしょう。

言葉を育て、心が育った人間関係の中では、学級崩壊もいじめも起こりえません。コミュニケーション教育は、対処療法ではなく、学校で起こっている問題を根本の部分から解決する方法なのです。

■学校と家庭

「モンスターペアレント」などという、あまり耳当たりのよくない言葉があります。

　学校と家庭、教師と保護者、そして子どもの関係を考えたとき、そこには、上下関係とか、勝ち負けといった、対立する構造は本来ないはずです。もし、あったとしたら教育の目的は達成できません。
「モンスターペアレント」という言葉からは、教師と親が敵と味方の関係になってしまっている状況が浮かび上がってきます。

　学級崩壊、いじめ、学力テスト問題、自然災害への対応と、社会からの学校バッシングは、残念ながら止むことがありません。そうした背景から、保護者の学校に対する不信が少しずつ醸成されてしまっているのでしょう。

　私が教員をしていたという理由だけで言うのではありませんが、多くの先生は頑張っています。このことは、2015年12月に日本テレビ系列の「世界一受けたい授業」に出演させていただいたときに、ディレクターさんに無理にお願いして私が発言させていただいたことです。それは、私が33年間学校現場にいて感じた実感であり、番組をご覧になられている保護者の方に、そのことを知っていただきたいという強い思いがあったからです。

　コミュニケーションが必要なのは、先生と保護者なのかもしれません。お互いがプラスの言葉を発して、信頼関係を築いていくことが重要です。

●まずは家庭

　小学生の登校日数は、年間約200日あります。小学校の場合の多くは、朝から帰るまで一日中学級担任が子どもたちとずっと一緒にいるのが基本ですから、教師の子どもに与える影響力はとても大きいのは事実です。その意味で、教師は一人の人間として、子どもたちが尊敬できる存在でなくてはいけないと思っています。

「教化」と「感化」という言葉があります。「教化」は、意識的に教える

ことであり、「感化」は、自然のうちに与える影響と理解すればよいと思います。

　私は教師人生の中で、後者の「感化」を強く意識していました。年間200日の中で教師が子どもに与える影響力はとても大きいのですから、教師という仕事を、自身の人格をかけ覚悟して取り組んできたつもりです。

　ただ、それよりもさらに大きい影響力をもっているのは、家庭です。保護者であり、兄弟姉妹です。200日と言っても当然一日の三分の二は家庭にいます。学校に行かない日が年間150日あります。家庭生活の中で学ぶ多くのことが、一人の子どもの土台を作るのは紛れもない事実です。子どもは、家庭で親を見て育つのです。

　このことを前提に、家庭と学校が協力し合って、一人ひとりの子どもを、そして、人間を育てていきたい、というのが私の切なる願いです。

　本書では、私が教室の中でこれまで行ってきたコミュニケーション教育の様々な内容の中で、家庭でも応用していただけるものをピックアップしました。

　コミュニケーション教育を受けていない多くの人たちにとって、ここにまとめたもののいくつかは苦手に思え、ちょっと自分には無理かなと思ってしまうことがあるかもしれません。でも、コミュニケーションはスポーツと同じです。トレーニング次第でどんどん上達するのです。コミュニケーション力は、実際に使うことによって高まります。その具体的な方法を51項目にわたって本書では解説いたしました。

　保護者の方も、地域の人も、そして教師も、子どもたちがこれからの時代をたくましく、自信をもって生きていく上で、コミュニケーション能力の育成が最も重大な課題であることをしっかり認識していただきたいのです。

　その上で、生活のあらゆる場面で子どもたちがコミュニケーション体験を豊かにし、コミュニケーションがあふれる生活を活性化することができるように心がけてください。

■コミュニケーション教育で育った子ども

　出演させていただいた「世界一受けたい授業」の収録前に、北九州で卒業生数名にインタビューロケがありました。その時に、曽根﨑妃那さんが答えた内容です。

> ―菊池学級になって変わったこと―　曽根﨑妃那さんへの取材より
> 　私は、５年生のときからポップコーンのように弾けることができるようになりました。そうありたいとずっと思っていたのに、それができませんでした。４年生までの教室では無理でした。みんなが好き勝手して、陰で文句や悪口ばかりを言い合って、それを先生が止めることもできなくて、だから私は、じっと我慢をしていました。
> 　５年生から変わり始めました。菊池学級になったからです。「私らしくていい」と思えるようになったからです。
> 　いろいろきっかけはあったと思います。特に「これが」ということは分からないのですが、一言でいうと、「コミュニケーション」だと思います。挨拶や言葉遣い、ほめ言葉のシャワーや質問タイム、話し合いやディベート、そして、ダンスなどです。
> 　菊池学級で過ごしていて、そんなことを毎日行っていて、少しずつ変わってきたのだと思います。自分らしくていいと思えるようになったのです。私だけではなくみんなもそうです。一人ひとりが自分らしさを発揮しながら、一体感のある学級になっていったのです。それが、私の菊池学級です。（以降、略）

　コミュニケーション教育によって、変わることができたという６年生の児童の実感を、皆さんも共有していただきたいと思います。
「ことばを育てることは　こころをそだてること　ひとを育てること　教育そのもの」は、私の尊敬する教育者・大村はま先生のお言葉です。私は、自分自身の教室の事実をもって、このことを確信しています。

「写真で見る菊池学級の実際①」

子どもたちの視界から教師が消える話し合い

男女が顔を寄せ合って話し合う

第2章

親子でコミュニケーション術

第2章 1時間目

「ほめ言葉のシャワー」で温かい関係をつくろう

ポイント

週末には家族で「ほめ言葉のシャワー」をして、温かな雰囲気の家庭をつくろう。

私は、教室で「ほめ言葉のシャワー」という取り組みをしてきました。NHKの「プロフェッショナル　仕事の流儀」や、日本テレビ系列「世界一受けたい授業」、そしてフジテレビ系列の「バイキング」で取り上げていただき、大きな反響をいただきました。
「ほめ言葉のシャワー」は、一人ひとりのよいところを見つけ合い伝え合う活動です。一人が一枚ずつ日めくりカレンダーを描き、その日の日めくりカレンダーを描いた子が帰りの会で教壇に上がり、残りのクラスの友達全員から、ほめ言葉を「シャワー」のように浴びるという活動です。
　この活動は、次のような子どもを育て、学級をつくることを目的としています。

- 友達のよさを見つける観察力や、それを温かい言葉で伝えることのできる表現力を身につけることができる。
- お互いをほめ合うことで、友達の同士の関係が強くなり、教室が自信と安心の場所になる。
- お互いに小さな丸をつけ合うことを毎日続けていくことによって、自分たちの「望ましい在り方」をクラス全体でつくっていくことになり、絶えず「成長」を意識した、豊かな学級文化を育てることができる。

「ほめ言葉のシャワー」は、簡単に誰にでもできますが、一方でとても奥の深い活動です。一般社団法人日本ほめる達人協会の西村貴好理事長は、「ほめるとは価値を発見して伝えること」と言われています。一人ひとりの中にあるプラスの価値を発見するためには、その人のことをよく見ることが欠かせません。
　また、「ほめ言葉のシャワー」を通して人からほめられることによって、自分が気づいていなかった自分の中のよいところを新しく知ることのできる機会にもなります。
「ほめ言葉のシャワー」によって温かな人間関係を築くことができます。

第2章 2時間目

あふれさせたい言葉、なくしたい言葉

ポイント

わが家の目につくところに、
「○○家にあふれさせたい言葉」
「○○家からなくしたい言葉」
を貼り出そう！

休み時間。子どもたちの会話が聞こえてきます。思わず耳をふさぎたくなるようなときがあります。
「うるせぇ」
「あんたには関係ないでしょ」
「あっちに行け」
　相手のことを考えない言葉に悲しい気持ちになります。私が教室の中で毎学期最初に行っていたある取り組みがあります。「教室にあふれさせたい言葉」「教室からなくしたい言葉」をアンケート用紙に書かせ、それを集計して掲示するという取り組みです。
　あふれさせたい言葉は、温かい雰囲気のするピンクの用紙に、なくしたい言葉は、冷たいイメージのあるブルーの用紙に書き出して、目につくところに貼り付けるのです。
　下記は、ある年の４月に実施した際の私の学級の結果です。

■あふれさせたい言葉　　■なくしたい言葉
1位…ありがとう　　　　1位…殺すぞ
2位…あきらめないで　　2位…けがれる
3位…大丈夫だよ　　　　3位…きもい

　このアンケート結果を目につくところに掲示すると、子どもたちの意識が「言葉の美しさ」に向いていきます。
　壁に貼られた紙を見て、「もうなくしたい言葉は使わない」とおまじないのように唱える子どもも出てきます。家に帰っても、「あふれさせたい言葉を心がけよう」と決めて頑張る子どもも増えてきます。
　数か月たつと、言葉が人間関係をよくするはたらきをもっていることに子どもたちは気づいてきます。
　学期の終わりに、「あふれてきた言葉」「なくなってきた言葉」のアンケートを行います。「あふれてきた言葉」には、相手を思う温かい言葉がならび、「なくなってきた言葉」には、ブルーの紙に書かれていた言葉がならびます。

第2章 3時間目

小さな「っ」のある返事をしよう！

ポイント

1. 返事は小さな「っ」のある「はいっ」で元気よく。
2. 「はいっ（　）」の（　）の中も大切にしよう。

子どもたちの返事の声がとても気になります。小さくて元気がないのです。そんな時は、次のような指導をします。
　黒板に、「はい」と書き、読ませます。小さい元気のない返事です。そこで、「では、これはどうかな？」と言って、その下に小さな「っ」を書きます。
「はいっ」と、今度は大きないい返事になります。子どもたちの顔がにっこりしてきます。自分たちでもその違いに驚いているようです。「なかなかいいね。では、これはどうかな？」と、小さな「っ」をもう一つ、付け加えます。
「はいっっ」「おっ、いいね。素晴らしい。立派！でも、大きすぎるのもね…。ちょうどよいのが、『はいっ』ですね。次からは、これでいきましょう」
　そして、「どんな時にこの『はいっ』の返事をしたいですか？」と問います。子どもたちは次のように答えます。

- ●何かを頼まれた時
- ●自分の名前を呼ばれた時
- ●何かをできるかどうか聞かれた時

「そうですね。では、なぜこのような時に『はいっ』の返事をしたらいいのでしょう」。子どもたちはいろいろ考えます。自由に言わせたあとで、こう話します。
「『はいっ』の後に、言葉が隠されているのです。本当はあるのに省略されているのです。例えば、何かを頼まれた時は、『はいっ（分かりました）』の（分かりました）が、自分の名前が呼ばれた時は、『はいっ（ぼくです、ほかの誰でもないぼくはここにいます）』、何かをできるかどうか聞かれた時は、『はいっ（します）（できます）』といったように」。
　子どもたちは、納得した顔で黒板に書かれている小さな「っ」を見つめます。そして、言葉の後ろにある人の思いや気持ちも考え始めます。

第2章 4時間目

「ありがとう」がセットになる話し方

ポイント

命令ではなく、「ありがとう」がセットで出てくる依頼、お願いの話し方をしよう。

ガサツな言い方をする子どもがいます。例えば、「○○さん、あれ取って！」「○○君、これして！」といった言い方です。
　相手に対して命令するような言い方をしてしまう子どもがいるのです。その時の態度は高圧的でもあります。このような言い方や態度では、相手の子が要求通りしたとしても、その後に「ありがとう」は出てきません。
　　A「○○さん、持ってきて！」
　　B「…はい…（渡す）」
　　A「…（無言で受け取る）」
　このような状態にしかならないのです。優しさのない固い雰囲気しか生まれてこないのです。私が二通りの言い方をしてみせます。
　一つは、先の例のように命令口調の言い方です。
　　私「○○さん、それ拾え！」
　　子ども「…はい…（拾う）」
　　私「…」
　もう一つは、次のように言います。
　　私「○○さん、それ拾ってくれる？」
　　子ども「…はい…（拾う）」
　　私「ありがとう」
「どこが違う？」と聞くと、「『ありがとう』がついてくる」ということに子どもたちはすぐに気がつきます。
「なぜ、後の方には『ありがとう』がつくのでしょうか？」と聞くと、「命令じゃなくてお願いしているから」「顔の表情がやさしいから」「言い方が優しいから」と、その言い方の違いに気がつく子どもが出てきます。
　実際に、二つの言い方を二人組で何度かさせてみます。命令ではなくお願いの言い方をすると、「ありがとう」の言葉が自然に出てくることに、子どもたちは納得します。そして、教室に優しい温かい雰囲気が生まれます。

第2章

5時間目

「3D言葉」から「3Y言葉」の使い手に

ポイント

1. 「3Y言葉」で、やる気と積極的な態度を育てよう。
2. プラスの言葉で会話を明るくしよう。

子どもたちの生活を見ていると、「どうもやる気が薄いなあ」とか「積極性が足りないなあ」と感じることがあります。
　そのような子どもがよく口にする言葉があります。「D」で始まる３つの言葉です。
　突然、一人を指名し、「○○君、黒板の前に出て。先生が話す言葉を書いてください。言葉は三つです。どれも平仮名です」と話します。「一つ目。『でも』。二つ目。『だって』。三つ目。『どうせ』」。そして、「この三つの言葉を一つでも今までに話したり、心の中で思ったりしたことのある人？」と聞きます。全員が「ある」と手を挙げます。

　・心で文句を言った時　　・言い訳をした時
　・お母さんに怒られた時

「この三つの言葉は、すべて『D』で始まる言葉ですね。この『３Ｄ言葉』を口にしたり心の中で思ったりすることは、プラスのことですか？マイナスのことですか？」
　子どもたちは「マイナス」と答えます。

　・自分が成長しないから　　・やる気が出ない言葉だから
　・聞いた人もいい気持ちがしないから

　その後、ゆっくり黒板に、「やるぞ」「よーし」「ゆくぞ」と書き、「この三つは、何で始まりますか？」と問います。「Ｙで始まります」という声を確認します。
「この『３Ｙ言葉』を口にしたり心の中でつぶやいたりすることは、プラスのことですか？　マイナスのことですか？」
　多くの子どもは「プラス」だと答えます。

　・やる気が出るから　　　　・できることが増える気がするから
　・聞いた人も元気が出るから

「『３Ｄ言葉』と『３Ｙ言葉』、どっちを使う人になりたいですか？」全員が「３Ｙ言葉」に手を真っすぐ挙げます。「３Ｙ言葉」が増え始めると教室が明るくなります。
　言葉には自分や人を変える力があることに気づき始めます。

第2章

6時間目

あいさつを鍛え、レベルを上げよう

ポイント

1. 「おはようございます」は、「は」の字をはっきり言おう。
2. あいさつに、相手を思う一言をつけ加えよう。

朝のあいさつに元気がありません。「おはよう」の声に力なく唇を少し動かすだけの子どもも多いようです。
　あいさつは毎日のことですから、繰り返しいろいろな方法で指導していきます。
　黒板に「おはようございます」と書きます。そして「何文字ですか？」と問います。「９文字です」。こう答える子どもたちに、「そうですね。この９文字の中で、特にはっきり発音しなければいけないのはどの文字ですか？」と続けて問います。いろいろ答えますが、正解は、『は』の字であると伝えます。
　そして、『は』の字は口を大きく開けることを、練習を通して実感させて、「『は』の字をはっきり、おはようございます」と言って教師がしてみせて、何度も練習させます。
　この練習を数日行うと、子どもたちのあいさつに力が出てきます。
　学級では、次のような「あいさつのレベル」を示して取り組むようにもしています。

- ●レベル１…おはよう
- ●レベル２…○○くん・さん＋おはよう
- ●レベル３…○○くん・さん＋おはよう＋ひとこと

といったものです。

　レベル３の「ひとこと」の内容は、相手にとってプラスになる、「今日も頑張ろうね」「とてもいい笑顔だね」といったものです。
　いくつか例を出してあげると、子どもたちは楽しい内容を考えます。「レベル３のあいさつを五人以上にできた人？」「レベル３のあいさつをしてもらった人？」などと時々問うと、子どもたちは刺激を受けて、レベルを上げようと頑張ります。子どもたちと相談してレベルを決めると、より楽しくなります。ちなみに私の今の理想のあいさつレベルは、「相手の後ろからでも声をかけてあいさつができる」です。

第2章 7時間目

まず受容して子どもの言葉を引き出す！

ポイント

1. 子どもの質問にすぐに答えず、子どもの思いや考えを引き出す。
2. 子どもの言葉を受容して、会話のきっかけとする。

「先生、これでいいですか？」
　この言葉をよく聞きます。絵を描き終えた子どもが、側に来てこう聞くのです。このような時に、次のような３つの「疑問」が私の中に起こります。

(1)何を「いいですか？」なのか？（それまでの指導について聞いているのか。ただ漠然と全体の出来映えを聞いているのか）
(2)本人の自己評価は？（描いたことに満足しているのか。もうやめたいのか。そうでないのか）
(3)願いや見通しは？（単純に承認がほしいのか。もうやる気もなくて解放を求めているのか。もし「いいよ」と言われたら何をしようとしているのか）

「自分がいいと思うのだったらそれでいいよ」などと言って対応してもいいでしょう。しかしこの対応では、教師側の考え（＝子どもの絵は、どこまでも子どものものだから、良いか悪いかの判断も、子どもにさせるべきです）の押し付けであり、大した効果はないようです。子どもは無言でうなずくだけでしょう。
　また、先の三つの疑問をそのまま問うてもいいでしょう。しかし、これも子どもの思いを逆に無視して問い詰める感じにしかなりません。苦し紛れに適当な思いつきや差し当たりのない考えを口にするだけでしょう。ですから、この方法も効果はあまり期待できません。
　私は次のように話します。「いいねえ！　さあ、あなたは先生がどこを『いい』と思ったか当てられるかな？」
　まず、「いいね」と受容し、その上で「先生はこの線が好き。とってものびのびしていて気持ちがいい…」などと語ってあげます。すると子どもは自分のその絵に対する思いを素直に話し始めます。「ここは気に入っているんだけど反対側の色が…」「ここをどうしたらいいのか…」。自然な会話が生まれます。

第2章　8時間目

反省は三点セットで

ポイント

1. 反省は、事実＋おわび＋今後の決意の三点セットで話させる。
2. 親が代弁しないで、子どもの言葉で語らせる。

「先生、宿題を忘れました」「先生、掃除をサボってしまいました」「先生、友達に悪いことをしてしまいました」などと、子どもが私に言いにくることがよくあります。「しまった！」という顔をしながら、声も体も小さくして…。

「ほう、それはよかった。おめでとう」。こう笑顔で言い返すと、子どもはびっくりします。「何かあるな」とでも思うのか、体をより小さくします。続けて、「と、あなたは言ってほしいのですか？」と付け加えると、首を横に振ります。

　ゆっくりと子どもの目を見ながら、「宿題を忘れたという事実は分かりました。でも、それだけしか分からないので、先生は何と言っていいのか分かりません。おめでとう、と言えばいいのかな。よかったね、と言えばいいのかな」と話して聞かせます。

　それでやっと、多くの子どもは、「宿題を忘れました。すみませんでした」と付け加えます。

　その言葉を聞き流しながら、また笑顔で、「それはよかった。また、明日もするのかな？　楽しみだなあ」。私がこう言うと、やっと、「先生、宿題を忘れました。すみませんでした。次からは気をつけます」と言い直します。

●事実＋おわび＋今後の決意

　ようやく「三点」がセットになります。
「素晴らしい。分かりました。次は具体的に行動で示してください。君なら大丈夫でしょう。頑張りましょう」。最後にこう子どもに言います。すると子どもは、やっと安心して笑顔になります。

　子どもは、自分の都合が悪いことを自分から話したがりません。黙って時が過ぎるのを待っているだけのことが多いようです。

　自分の言葉で反省を語らせ、次の具体的な行為を約束させることが大切です。

第2章 9時間目

「しかし」のある考え方もさせよう

ポイント

1. 「しかし」で、自己反省のできる子どもに育てよう。
2. 「他者責任」から「自己責任」へと考える子どもに育てよう。

「A君が、じゃまをしてきた」「Bさんが、自分勝手…」といった「小さなトラブル」が、教室の中ではよくあります。お互いに必死になって、相手の非だけを責めます。
「ぼくが何もしていないのに…」「私にはいつもそうしてくるんです…」。そんなときは、「そう。じゃあ、君の言いたいことを書いてくれる？」と、落ち着かせて事実を確認するためにも、本人の言い分を紙に書かせます。もちろん相手の子どもにも、自分の言い分を書かせます。

　たいていの場合、お互いの書いていることに「ズレ」があります。自分の言いたいことだけだからです。双方が書き終わったときに、「先生に見せて」と言って、持ってこさせます。どちらも、「絶対に私の方が正しい」「A君がいけないんだ」といった顔をしています。書いている内容もそうなっています。そして、私が読んでいる顔を真剣に見ています。
　読み終わった後、私は、書かれた内容の最後に、
『しかし、』
と、一言書いて、「続きを書いてきてくれる？」とだけ言います。子どもは、「？」という顔をします。
　二度目に持ってきた作文は、「A君は、私に…。『しかし、』私にもいけないところがあったと思う。あの前に、無視したようなところがあったからです…」となっています。多くの場合、相手ではなく、自分自身の非も反省しています。

　お互いに読み合うように言って読ませ、その後に握手をさせます。最後に、「どうしても、まだ言いたいことがある？」と聞くと、ほとんどの場合、「いえ、もうありません」と答えます。
「じゃあ、今まで以上に仲良くしようね」。こう言うと、子どもは優しい顔になります。自分の中に、「しかし」のある子どもに育ってほしいと思っています。

第2章 10時間目

相手を否定しない会話をしよう

ポイント

1. 「もし〜だったら」の質問で、マイナスを想定するのはやめよう。
2. 相手の話をすぐに否定しない会話を心がけよう。

子どもたちの会話を聞いていると、次のようなやり取りが気になることがあります。
A「シュートを確実に入るようにします」
B「もし、シュートが入らなかったらどうするのですか？」
A「１年生と仲良く遊んだらいいと思います」
B「もし、１年生が言うことを聞かなかったらどうするのですか？」
　気になるのは、「もし〜だったら…」という質問です。悪気はないのですが、その時の教室は確実に気まずい雰囲気になってしまいます。
　なぜでしょうか？
　それは、「もし〜だったら、どうしますか？」という質問は、「〜」の部分が、ほとんどの場合「マイナス」の内容だからです。つまり、失敗したら、思い通りにいかなかったら、という「マイナス」の場合を想定している質問になっているのです。
　これでは、話し手に対して思いやりのある質問になっているとは言えません。
　話した子どもは、「プラス」をイメージして話したはずです。その気持ちを受けとめないで、マイナスの状態を想定して質問しているのです。
　このような質問を許していたら、「せっかく話したのに、その気持ちを無視された」「そんなことを急に言われても…」と思って戸惑う子どもも出てくるでしょう。
　話し手の思いを受け入れて、その思いが通じたと話し手が思えるような質問をさせたいものです。
　例えば、次のような質問に変えさせるのです。
A「シュートを確実に入るようにしたいのですね。そのための練習方法は？」
B「Aさんらしい考えですね。１年生のどんな表情を見たいですか？」
　子どもたちは、相手の思いを受け入れて、"気のきいた"いい質問や受け答えを考え始めます。コミュニケーションの基本である"相手を否定しない"ことの楽しさに気づき始めるのです。

第2章 11時間目

「問い」と「答え」を一致させよう！

ポイント

1. 「問い」と「答え」を一致させ、「責任ある積極性」を育てよう。
2. 時には「オウム返し」で確認しよう。

話しかけて、元気のいい返事がすぐに返ってくると、言葉のキャッチボールがうまくいっているような気になります。でも、子どもの投げ返す言葉のボールは、ちゃんとこちらに返ってきていないことが多いようです。教室で交わされるよくある具体的な会話でみてみましょう。

その1 清掃中
教師「そこに残っている机を、前に運んでください」
子「えーっ、さっき右側の列の机を運びました」
その2 休み時間
教師「図書室にあるエジソンの本を持ってきてください」
子「先生、ぼくもエジソンの本を読んだことがあります！」

　一見会話が成り立っているようにも見えますが、実はどちらも、問いに対する答えではありません。「机」「エジソン」という言葉に反応しているに過ぎないのです。文章にするとすぐに分かるおかしさも、実は会話の中だと気づかないことも多いようです。
　こうした「無責任な積極性」をそのままにしていると困ったことが起こります。このような子どもを、すぐに返答したことのみを評価して、「積極的な子」とクラスのリーダー的な立場を任せてしまうと、逆にあとが大変です。聞く姿勢が育たないまま「リーダー」になってしまうので、当然しっかりとした対応ができないからです。やがて「無責任な子」というレッテルを貼られてしまい、本人も周りの子も苦々しい思いをすることになってしまいます。
　正確に聞いているかどうかは、話し手、特に大人がしっかりと判断してあげないといけません。有効な方法の一つは「オウム返し」をさせること。「今、なんて言ったのかな」と確認してあげるといいでしょう。毎回では、子どもも嫌気がさすでしょうから、気になるときに行うといいでしょう。繰り返すうちに、子どもも意識して聞くようになります。聞く力は目に見えないだけに、根気が必要です。

第2章 12時間目

「どうぞ〜ありがとう」を当たり前にしよう

ポイント

1. 笑顔で「どうぞ」「ありがとう」を口にしよう。
2. 1秒のプラスの言葉を大切にしよう。

教室では、プリントを列ごとに配ることがたくさんあります。私が列ごとに人数分の枚数を先頭の子どもに渡し、前から順に後ろへと配っていくのです。何も言わなければ、子どもたちは、無言で受け取り無造作に後ろへと渡していくだけです。１分間ほどのことですが、教室の中は味気ない乾いた感じになってしまいます。
　これをなくす有名な配り方があります。
● 「はい、どうぞ」
○ 「ありがとう」
　と言わせながら、どんどん後ろに配らせるという方法です。最後に受け取る教室の端の列のいちばん後ろの子どもの「ありがとう」で終わるこの方法によって、教室にはかわいい声の「どうぞ」「ありがとう」が１分間続きます。教室には優しさがあふれてきます。
　慣れてくると、この方法を少しアレンジします。ポイントは、「笑顔になるように」です。後ろに配る時と受け取る時の言葉をいろいろと変えるのです。
　例えば、「ドラえもんシリーズ」にします。
● 「はい、ドラえもん、頼んだぞ！」
○ 「分かったよ、のび太くん」
● 「はい、ドラえもん、頼むよ」
○ 「いいよ、しずかちゃん、まかせてね」
　というように変えるのです。どの列も笑顔がこぼれます。「忍者シリーズ」「お侍さんシリーズ」が子どもたちには人気があるようです。この方法をとると、テスト配りも楽しい雰囲気の中でできます。
　プリントなどを列の後ろから集める時も、
○ 「お願い申し上げます」
● 「合点だ。承知しました」
　などと、楽しい会話をしながら行うようになります。
「どうぞ」「ありがとう」は１秒ほどの言葉です。この短い言葉を惜しまず、笑顔で当たり前に口にできる子どもに育ってほしいと思います。

第2章　13時間目

ハキハキと
美しい日本語で！

ポイント

1. 相手に伝わる「出す声」で話そう。
2. 伝える責任を考えさせよう。

この本の最初の時間にも書いたことですが、多くの子どもの声は、「小さくて、速い」という欠点があります。つまり、「出す声」になっていないのです。ただ自然に「出る声」なのです。教室全体に伝わらない声なのです。表現する場の状況を把握する力や相手意識が弱いからなのでしょう。「誰に」「何のために」話すのかを意識していない声なのです。

　このような状態では、学級みんなで行う学習は成立しません。話し手にも聞き手にも不満が残ります。そこで、次のような指導を行います。
　授業中に指名して、その子どもが話し始めるその前に、「ハキハキと美しい日本語で！」と言うのです。ビシッと言うのがコツです。具体的には、「○○君」と指名したすぐ後に、本人がいすから立ち上がろうとする間に、「ハキハキと美しい日本語で！」と言うのです。本人が発言するまでのほんの数秒もない時間です。子どもは、私のその声を聞いて話し始めるのです。
　何でもないことのようですが、これを言うと子どもの声が違ってきます。「出る声」ではなく「出す声」になるのです。みんなで学習するために必要な声になるのです。
　発言前に「ドキッ」とするのでしょう。そして、自分の発言の「みんなへの影響」を考え始め、伝えることの責任を感じるのでしょう。
　そもそもみんなへの発言をするはずなのですから、これくらいの「ドキッ」は必要です。みんなと一緒に教室で学習しているのですから。

　話し手は内容を正確に伝えられ、聞き手は集中して聞いて理解できる、つまり伝え合うことができるのです。何かを伝えたいときには、自信をもって相手に届けるための声が必要です。声が届けばお互いに楽しめます。
　「出す声」で話すべきです。
　「ハキハキと美しい日本語で！」。

第2章 14時間目

理由を考えさせよう

ポイント

1. 自分の言葉で理由を考えさせよう。
2. 「なぜ？」「どうして？」に強くさせよう。

今時の子どもは、「別に」「ビミョー」といった言葉を使い、「考える」ことをしない傾向があります。自分の頭の中に、何を伝えたいのかがはっきりしていないのでしょう。自分の気持ちを見つめさせ、「何が言いたいのか」を見つけさせ、「なぜ、そう思っているのか」という理由を子どもに言わせるべきです。

　ある作文の時間に、「先生、書けました」といちばんに持ってくる子どもがいました。パッと読んでも、不十分でした。文字が雑、学習した漢字もほとんど使われていない…。
　私はその作文を全員に見せながら、「うん。これはよく書けている、合格だ、と思う人？」と聞きました。誰も手を挙げません。子どもたちは、「ここでは手を挙げたらやばいんじゃないか」「誰が立つんだろう」といった顔をして教室を見回していました。
　続けて、「頑張っているみたいだけれども、合格とはいえない、と思う人は立ちなさい」と聞きました。どちらかに立たなければいけないわけですから、作文を持ってきた子ども以外の全員が立ちました。
「なるほど。立ったということは、まだ不十分だと思うのですね。当然、その理由があるはずですね。理由がなければただの"いじめ"です」。子どもたちの顔に緊張が走りました。そんな子どもたちに、ゆっくりと話しました。「まさか…この中に"いじめっ子"はいないでしょうね。先生はそう信じています」。

　子どもたちは次々と、合格とはいえない理由をアドバイスの形に変えながら自分の言葉で発表し、座っていきました。教室と頭の中がピリッとした時間になりました。
「理由がないのはいじめと同じだ」というのは少し大げさな感じもしますが、「なぜ、そう思うのか」「どうして、そうしたいのか」という理由を考えることは、自分の頭の中を整理して、まとめることにもつながります。

第2章

15時間目

相手に合った
言葉"遣い"を
させよう

ポイント

1. 敬体（〜です。〜ます。）の会話もさせよう。
2. 言葉を遣い分ける体験をさせよう。

「先生、これでいいん？」
「ノート持って行くの？」
　こんな言葉遣いをする子どもが増えました。丁寧に話せないのです。誰に対しても「友達言葉」で会話をしてしまうのです。

「『ことばづかい』と書ける人いますか？」と聞くと、得意げに前に出た男の子が、「言葉使い」と黒板に書きました。ほかの子どもたちも、何も疑っていません。
「残念。違います」。こう言って、正しく「言葉遣い」とその横に書きました。不思議そうに見ている子どもたちに、「『使う』と『遣う』はどう違うか調べなさい」と続けて言いました。
「遣う」という言葉は、派遣や遣唐使などの用例からも分かるように、「送る」「行かせる」といった意味をもつことに子どもたちは気づきます。続けて、「気遣い」「心遣い」と調べさせると、「遣う」には「使う」とは異なり、向かうべき対象があり、その時の気持ちや心の「工夫」が必要なのだと理解し始めます。
「あなたたちが言葉を向ける相手にはどんな人がいますか」。こうノートに書かせ、発表させます。友達、親、家族、親せき、先生、お客さん…。
「『～でいいん？』『～行くの？』といった言葉の遣い方をしていたら、そのような人との関係が広がりますか？」子どもたちは、神妙な顔をして聞いています。
「相手に合った言葉を選ぶことが大切です。相手によって言葉の遣い方は当然異なってくるのです。そうしないと、友達同士、話の合う仲間だけ、『分かる』相手とだけしか会話ができなくなりますよ」。

　言葉は他者との関係をつなぎ、社会生活を営む前提となるものです。年齢や考え方の違う相手に対してもきちんと会話のできる力を育みたいものです。今年の学級目標の一つに、「敬体での会話ができるようになろう」を付け加えました。

第2章 16時間目

"クッション言葉"を教えよう

ポイント

1. 人の気持ちをやわらかくする言葉を体験させよう。
2. 大人の会話にふれさせ、自然に使えるようにさせよう。

掃除時間のことです。クラスの女の子に職員室にお手伝いを頼みました。ある"秘策"を与えて…。女の子は、「先生、何かたくらんでいるな…」という顔をしながらも、にっこり笑って教室を出て行きました。掃除後の５時間目に、その女の子に職員室で話したことを言ってもらい、黒板に書きました。
Ａ「〇〇先生、お忙しいところすみません。今、よろしいですか？」
Ｂ「ゴミ袋を一つください」
Ｃ「お忙しいところ、ありがとうございました」
　書いている途中にほかの子どもたちから、「大人みたい」「礼儀正しい」といった声が聞こえてきました。女の子の顔が少し赤らんできました。
「あなたたちが"普通"に言うのはＡＢＣのどれですか？」「Ｂ」
「〇〇先生、つまり相手を大切にしているのは？」「ＡとＣ」
「〇〇先生の気持ちを優しくした言葉は？」「ＡとＣ」
「ＡやＣのような言い方、もう５年生だからいくつか知っているでしょう。ノートに書いて持って来てください」

　いくつかのやり取りの後に、こう指示しました。
　　・お仕事中に申し訳ございませんが、…
　　・今、お願いしてもいいですか？
　　・お手数をおかけしました。
－黒板いっぱいになりました。
　子どもたちと黒板を見ながら、次のような話をしました。
「このように、話をする前や後に、ひと言添えると人との関係を丸くする言葉、話し方があるのです。ほかにもあるね。例えば『どいて！』じゃなくて『ちょっと、どいてくれる？』とか、『悪いけど、通してくれる？』とか。人と人との関係をよくするクッション言葉ですね。それができた〇〇さんに拍手！」
　笑顔の女の子に、大きな拍手が贈られました。

第2章

17時間目

人と意見を
区別させよう！

ポイント

1. 人との違いを恐れない子どもにしよう。
2. 安易に「同じです」を認めないようにしよう。

担任したばかりの４月頃、次のような授業場面がよくあります。数名に意見を発表させている時、順番が回ってきた子どもが、「前の人と同じです」「○○さんと一緒です」とだけ言って座る場面です。ノートに書かせて、それを読ませる場合でも同じように言ってすまそうとするのです。
　数日前にもありました。指名した男の子が、「同じです」と言って座ろうとしました。その後の私と男の子とのやり取りです。
「『同じです』と書いてあるの？」
「いいえ…」
「書いた通りに言ってみて」
「作者は、自然の広大さを伝えようと思った…」
「同じじゃないじゃない」
「はい…」
　その後、全員に向かって、「『同じです』『一緒です』は、認めない。このことは、ちゃんと法律に書いてある」と、厳しくもユーモアを込めて話しました。
"意見"を書かせた場合に、「同じです」「一緒です」という可能性はほとんどありません。これを認めると安易な方向に流れ、自分から考えない子どもが育ってしまいます。

　子どもは（も）、人との違いを極端に嫌います。表現する場合に特にそのことが出てきます。だから、表現内容も同じようにしようとし、それで安心してしまう傾向があります。
　恥ずかしがり屋の子どもは、自分の意見がみんなと違うと、まるで自分の全てを否定されたように感じて自信をなくしてしまうのでしょう。そんな時は、きっぱりとその考え方は違うと話して、「人と意見は別である」と教えるべきだと考えています。
　自由に安心して会話や対話を楽しむためには、この考え方は大切です。子どもの年齢に合わせて、分かるように教えてあげたいものです。

第2章 18時間目

言葉の無駄遣いをやめさせよう！

ポイント

1. 言葉に対して中途半端な態度をやめさせよう。
2. 言葉に正直な、誠実な子どもに躾けよう。

授業で行うゲームについてプリントを使って説明していた時です。少し話が長くなり、数人の目が、机の上のプリントから離れました。その時、「今、先生が読んだ、(【　】)のマークを押さえて。正しく押さえているかどうか、隣の人と確かめて」。
　説明を中断してこう言いました。私が読んでいた場所を指で押さえるように指示して、正しく押さえられているかどうかを隣同士で確認するようにさせたのです。この指示で、集中力を欠いていた子どももハッと気づいて、プリントに目をあわてて落としました。
　このように、「何となく～している」「ぼんやりと言葉を聞いている(聞いたつもりになっている)」という子どもがいる状態をなくすことは大切です。授業をピリッと引き締まったものにするためです。この時間には、ほかにも次のような言葉を子どもたちに投げかけ、緊張感を高めました。

◆「できたら『できました』と自分から言いなさい」
◆「分かった人？　分からない人？　(聞かれたら)すぐに手を挙げるんです」
◆「向かい合ってください。(キチンと向かい合っていない子どもに)向かい合うんだよ。中途半端はしません」

　確実に確認や返事をする、素早く行動する、言葉通りに動く、全て大切な学習です。豊かなコミュニケーションは、このようなことがあって初めて生まれてくるものでしょう。
「言葉の無駄遣いをやめよう」ということを、よく教室で話します。例えば、「静かにしましょう」と友達が言っているのに話し続けること、「3回する」と自分で書いたのに、取り掛からないでそのままにしておくことなどをなくすことです。言葉をいい加減に扱うということは、相手も自分も大切にしないということです。言葉に正直な子どもに躾けたいものです。

第2章 19時間目

笑顔で会話ができる子にしよう

ポイント

1. 話すときの態度や表情にも意識を向けさせよう。
2. 笑顔で言葉を交わすことのよさに気づかせよう。

学習中、二人組や四人グループでの話し合いをよく行います。多くの意見を出させたり、考えを深め合ったりさせるためです。
　指導を何もしないと、活発に意見を出し合う子どもたちと、そうでない子どもたちとに分かれてしまいます。なぜでしょう。その違いの主な原因はどこにあるのでしょう。このことを子どもたちに気づかせようと思いました。そのために、活発に話し合いが行われているグループを、みんなで取り囲んで「観察」するという学習を行いました。
　代表となったグループは、いつものように笑い声も交えながら楽しそうに話し合いをみんなの前で行いました。その後、「観察」した子どもたちに「発見」したことを発表させました。

- うなずいている
- 身振り手振りも入れている
- 人の言ったことを引用して続けている
- あいづちを打っている
- 話す人を見ている

　たくさんの意見が出ました。どの意見もほめ、その内容を認めて黒板に書きました。
　子どもたちの発言が途切れ、「もうこれで大丈夫」という空気が教室に流れようとした瞬間、一人の女の子の右手がかすかに動きました。発言しようとしていたのです。指名すると、小さな声でしたが、「みんな前かがみの姿勢で、みんな笑顔でした」と答えました。でも「そんなの当たり前。どうでもいいこと…」とほかの子どもたちは受け取ったようでした。
「素晴らしい！『大発見』です。先生は、活発な話し合いや会話には、笑顔と前向きな体、姿勢がいちばん大事なことだと思います。誰だってブスッとした表情の人と楽しく会話しようとは思わないでしょ。誰だってふんぞり返っている人に一生懸命言葉をかけようとはしないでしょ…」。子どもたちは納得顔で聞いていました。そしてすぐに、「大発見」の女の子にたくさんの拍手が沸き起こりました。

第2章 20時間目

主語のある会話ができるようにさせよう

ポイント

1. 主語と述語のある文で話をさせよう。
2. 「ひとこと言葉禁止週間」を月に一回設けよう。

「先生、紙」「お母さん、おやつ」－このように単語をただ並べただけの会話で済まそうとする子どもが増えています。状況の中で言いたいことを察することはできなくもないのですが、これでは論理力は伸びません。主語と述語の整った文で話ができるようにしたいものです。
　授業中にも時々、このことを意識した指導を行います。ある日の子どもと私のやり取りです。

「○○君は、ゴキブリは好きですか？」と、突然一人の男の子を指名して聞きました。男の子は、苦笑いをしながらも素直に、「いいえ」と答えてくれました。普通は、この答え方で十分です。しかし、筋道の通った話がよりできるようになるためには、主語と述語と目的語が必要です。

　そこで、○○君が答えた「いいえ」を黒板に書き、「『ぼくは』、を入れよう」（「ぼくは」を書き加えた）と主語を押さえました。
　そして、「いいえ」の横に「きらいです」と書きました。つまり、述語を書いたのです。その主語と述語のある文を「ぼくは、きらいです」と男の子に読んでもらいました。

　最後に、「きらいです」の上に「ゴキブリは」という目的語を板書し、もう一度最初の問いをしました。
「○○君は、ゴキブリは好きですか？」「いいえ。ぼくは、ゴキブリはきらいです」。やっと整った文になりました。

　英語では、会話の多くは、「I（アイ）」から始まります。だから、常に「自分」を意識することができます。しかし、日本語で「私は」を口にすることはあまりありません。多くの場合、省略して述語だけになってしまいます。相手に内容を誤解されず、論理的に伝えるための力を伸ばすスタートとして、主語のある会話を心がけさせたいものです。
　家族みんなで「ひとこと言葉禁止週間」を作るのも一つの手です。

第2章 21時間目

自分のことを自分の言葉で話させよう

ポイント

1. 子どもに自分のことを話す機会を与えよう。
2. 親は「代弁」することをやめよう。

自己紹介をする機会は、子どもたちにもたくさんあります。ところが、学年が上がってもその内容には自分らしさが感じられないことが多いようです。

　例えば、「5年1組の○○です。よろしくお願いします」

と、最初の一人がありきたりの内容を話すと、その後に続くほとんどの子どもが、その子どもと同じことしか話さない(話せない)のです。「5年1組の△△です。よろしくお願いします」「5年2組の□□です。よろしくお願いします」といった自己紹介が延々と続くだけなのです。つまり、「自分の言葉で自分を語れない」のです。

　以前、ある出版社の編集長とライターが教室に来られました。取材は半日あるということもあり、子どもたちに、「突然ですが、自己紹介をしてもらいます。32人いますから、ダラダラ話さず名前とプラス一言にします」と言って、最初の一人だけを突然指名し、全員に続けて話すように指示しました。

「ピアノがなかなか上達しない○○です」「盛り上げ役の△△です」「野球で打つのは上手なのですが、足が遅い□□です」「女の子なのに男の子とよく遊ぶ○△□です」－32人が、このように自分のことを途切れることなく話したのです。これにはお客さん二人だけでなく、私も驚きました。

「素晴らしい！　腕をあげましたね。よかったところを四つ言います。あなたたちの"宝物"です」

　全員が終わった後にこう言って、四つの「宝物」を黒板に書いてほめました。

　⑴自分からすすんで行った
　⑵人と同じことを言わなかった
　⑶ユーモアを交えて話した
　⑷明るくハキハキと話した

　自分のことを自分で話す習慣を子どものうちからつけさせることは大切です。親や周りの大人が代弁すると、その習慣は身につきません。

第2章 22時間目

姿勢の大切さを教えよう

ポイント

1. 「気をつけ」ができる子どもにしよう。
2. 言葉以外の姿勢・態度も意識させよう。

教室内で子どもたちが話す機会はたくさんあります。みんなの前に出てスピーチをしたり、発表をしたりする学習活動は全学年で行っています。落ち着いた姿勢で聞き手に対することができる子どももいますが、多くは体を小刻みに動かしたり、下を向いてモジモジしたりといった状態になってしまいます。

　今の子どもたちの姿勢は、決していいとは言えません。背筋を伸ばして相手と向き合うことが苦手なようです。

　コミュニケーションにおいて、話の内容などの言語情報が7％、口調や話の速さなどの聴覚情報が38％、見た目などの視覚情報が55％の割合であるといわれています（メラビアンの法則）。

　姿勢は、大きな比重を占める視覚情報に入ります。とても大切です。

　四月の始業式から、毎日一分間の「気をつけ」の練習を帰りの会でさせています。ストップウォッチを片手に持ち、全員を立たせて行うのです。その時の合言葉は、

「下半身はどっしりと、上半身はゆったりと」

「床に両足の裏をピタッとつけて」

「天上から一本のひもが頭のてっぺんに伸びてきて、ピーンと吊るされている感じで」

　などです。数か月もすると多くの子どもが相手と正対できる美しい姿勢ができるようになってきます。

　もちろん授業中も、「背を3cm高くしなさい」「五年生として最高にかっこよくしよう」「心の芯をビシッとさせます」などと声かけをします。学ぶことへの心と体の構えが育ってきます。教室の中もピリッと引き締まってきます。

　半年も過ぎると、子どもたちの中から、「友達と意見や考えを体全体で聴き合えるようになってきた」という声も出てくるようになります。

　お互いが気持ちよく伝え合うことを楽しめる姿勢が、普通にできる子どもに育てたいものです。相手に失礼のない姿勢を場に応じて続けること、それがコミュニケーションのスタートでもあると考えます。

第2章 23時間目

相手や目的を考えて話させよう

ポイント

1. 誰に、何のために話すのかを意識させよう。
2. 話し合いは、双方向であることを経験させよう。

毎日の授業では、お互いの意見を交換させ、問題を解決したり考えを深め合ったりする場面がたくさんあります。そこには、"誰に、何のために話すのか"という相手意識や目的意識が必要です。
　しかし、多くの子どもは、ただなんとなく先生やみんなに話しているだけになりがちです。「私は、〜です」「ぼくは、〜です。〜だからです」…と、自分の意見を「声に出す」だけになっているのです。一方通行のコミュニケーションになっているのです。ですから、意見のかみ合った「話し合い」にはならないのです。みんなで学び合う学習にならないのです。

　そこで、まず、「誰に聞いてほしいのですか？その相手を意識して発言しなさい」と指導します。つまり、「○班の人に聞きます」「ぼくの発表の後に、○○さんは反対意見を言ってください」などと、話す前に「誰に話すのか」を言わせるのです。

　このように書くと、「○班や○○さん以外の子どもは自分には関係ないと思ってしまうのではないか」と思われる方もいるかもしれませんが、子どもたちはその発言のやり取りを集中して聞きます。いつ自分にも意見を求められるか分からないからです。緊張感が教室の中に広がります。全員参加の「話し合い」の状態が生まれ始めてくるのです。

　そうなってくると次には、「相手にどうしてほしいのか考えなさい。そのための言い方を工夫しなさい」と言って、文末表現を工夫させます。「です」「ます」から、「〜ではないですか？」「〜ですよね」「〜となるでしょう」などの問いかけを入れさせるのです。

　そうすると、一方通行の発表から双方向の話し合いに近づいてきます。自分の意見に納得してもらおうと、表情や声に力が入ってくるのです。教室が、みんなで「考え合う」場になってくるのです。

第2章 24時間目

具体的に自分の言葉で話させよう

ポイント

1. よさを取り上げほめていこう。
2. 観察力と語彙力を伸ばして、具体的な内容を話そう。

私の教室では、「ほめ言葉のシャワー」という取り組みを行います。一人一枚、日めくりカレンダーを描き、その日を描いた子どもが帰りの会の時に前に出て、その子のよいところを全員が発表するという取り組みです。誰でも主役になれる日を、という理由から始めました。クラスみんなの目が、その日担当の友達に注がれることになります。(本章1時間目参照)
　一学期に行った一回目では、「すごく」「いつも」「とっても」といった抽象的な言葉が続きました。いくら私が、「自分だけが見つけた○○さんのよいところを」と呼びかけてみても、「国語の時間にすごく頑張っていました」「いつも外で遊んでいます。とっても…」といったありきたりの発表が続いてしまい、具体的に話せなかったのです。観察力も弱く、語彙も少なかったのでしょう。
　このような場合、速成指導をしても効果はありません。子どもたちの発言の中からよさを取り上げてほめ、少しずつそれらを全体に広げていくことを根気よくします。
「数字が入って具体的でよかったね」
「会話文があったから、様子がよく分かりました」
「『文武両道』という言葉で上手に価値付けたね」

　三学期のある日、黒板横の日めくりカレンダーは○○さんが描いたものでした。どちらかというとおとなしい、あまり目立たない女の子です。
「○○さんに糊を貸してあげると、『ありがとう』と、優しい声で言ってくれました。礼儀正しくて…」
「６時間目が始まる前に、廊下の掲示板に１分間ほど目を留めていました。知的なことにあこがれて…」
　ほめ言葉が、○○さんにシャワーのように続きました。
「うれしい言葉をたくさんありがとうございました。静かな私ですが、これからもよろしくお願いします」
　○○さんが最後にお礼を言い終わったとき、クラスみんなの"心の温度"が上がっていることが伝わってきました。

第2章 25時間目

あいさつに一言つけて「敬語化」させよう

ポイント

1. 相手や場所に合ったあいさつ言葉を使わせよう。
2. あいさつ＋一文を敬語化させよう。

子どもたちと敬語について考えました。「おはよう」「ありがとう」と黒板に書き、まず、次のような会話をしました。「敬語にしたい。どうする？」－子どもたちは「おはようございます」「ありがとうございます」と答えました。
「そうですね。目上の方や改まった場では敬語がいいですね。使っていますか？」
　子どもたちは、「当たり前…」といった顔をしていました。
「では、『こんにちは』は？」「…」「もう一つ、『さようなら』は？」「…」
　子どもたちの顔が変わりました。
「困ったなあ。『こんにちは』も『さようなら』も目上の方や改まった場で使いますよね。どうしたらいい？」
　子どもたちも考えます。「姿勢をよくして言う」「目で尊敬の気持ちを表す」「声をていねいにする」「あいさつ言葉の前に、『先生』とか『○○さん』とかをつけて一緒に言う」。どれも認めました。でも、どこかしっくりいかない感じでした。
　その時、一人の男の子が、こんなことを言いました。「あいさつの後に、敬語の一文を付け加えればいい」。
「素晴らしい。例えば？」私のこの問いかけに、「こんにちは。今日もよろしくお願いします」と、その子が答えました。子どもたちの顔が、「なるほど」といった顔に変わりました。
「では、さようならは？」「さようなら。明日もよろしくお願いします」
「そうですね。あいさつに一言付け加えて"敬語化"するといいですね。今日からすぐにやってみましょう」

　その日から、「○○先生、こんにちは。クラブ活動では、よろしくお願いします」「○○先生、すみません。図書室の鍵を貸してください」「○○先生、さようなら。今日、掃除時間はありがとうございました」といったあいさつ言葉が、いたるところで聞こえてきました。

「写真で見る菊池学級の実際②」

「ほめ言葉のシャワー」の様子（P.14・15参照）

「ほめ言葉のシャワー」日めくりカレンダー（P.14・15参照）

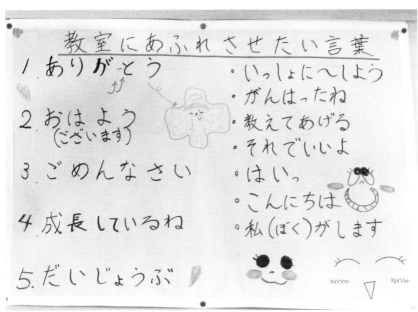

あふれさせたい言葉（P.16・17 参照）

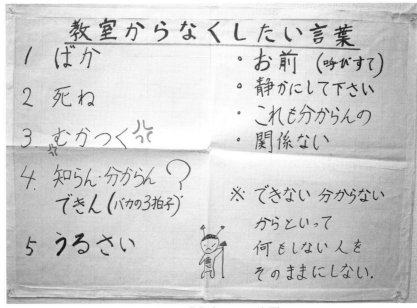

なくしたい言葉（P.16・17 参照）

笑顔で会話（P.50・51 参照）

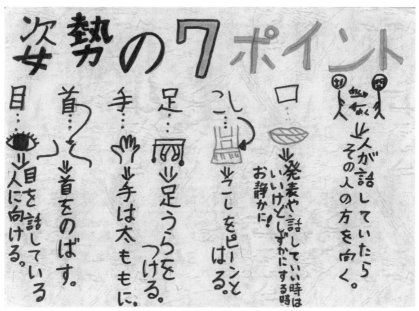

姿勢の大切さ（P.56・57 参照）

第3章

学校から学ぶ子育て術

第3章　1時間目

「価値語」で
考え方や行動を
プラスの方向へ

ポイント

1. 自分の考え方や行動をプラスに導く「価値語」を意識しよう。
2. 「価値語」を共有して、皆で成長することを目指そう。

成長に向かっている学級にはプラスの言葉があふれています。
　一方、荒れたクラスにはマイナスの言葉が飛び交っています。
　プラスの価値ある言葉を、子ども一人ひとりの心の中にどれだけ届かせることができるかということを、私は学級づくりの基本に置いていました。
　私は、子ども自らが「成長」というキーワードを自覚して1年間学んでいけるようにと、新年度のスタートの4月から節目ごとにいくつかの進むべき道を示してきました。
　最初は、成長するAと現状のまま滞っているBの二つの道を示しました。その後、Aのさらに上を行くSA（スーパーA）という三つめの道が出てきました。自分一人の成長をAとするなら、SAは自分だけでなく学級全体を考え、みんなで成長していこうとするものです。SAは、子どもたちとの関わりの中で生み出された言葉です。さらにその後、子どもたちから「SAのその先に」という価値ある言葉が生まれました。
（P.113写真参照）
　自分の考え方や行動をプラスに導く「価値語」が、子どもたちの中から新しく誕生したのです。
「価値語」はもともと、子どもたちにピリッとした緊張感をもたせたいときの言葉がけとして、私が指導のために使用していたものです。それを子どもたちが「菊池語録」として活用するようになり、やがて子ども自身が考えるようになっていきました。「価値語」は毎年、私の中に蓄積され、新しい学級で指導していきました。
「一人が美しい」「沈黙の美しさ」「行動の敬語」「一人も見捨てない」「出席者ではなく参加者になれ」といった「価値語」が、次々と子どもたちの生活や学習を劇的に変えていきました。毎年、私の指導から「価値語」を知り、自分たちで作り続ける子どもたちは、素敵な成長を繰り返してくれたのです。
「価値語」は、小学校の教室だけではなく、家庭や広く社会をもプラスに導くものであることを確信しています。

第3章 2時間目

子どもが答えやすい質問をしよう

ポイント

1. 抽象的な質問ではなく、具体的な質問にしよう。
2. 子どもの会話力を伸ばす質問にしよう。

子どもたちにアンケートをとりました。内容は「学校から帰ってお家の人に最初に言われることは？」というものです。

　第一位は「学校はどうだった？」。
　こういった質問に対して、低学年の頃は、学校でのいろいろな出来事を未整理な内容ですが、次々としゃべってくれることでしょう。
　ただ、学年が上がるにつれて「別に…」が多くなっています。答えようがないからです。質問が抽象的で広範囲過ぎて、何をどのように答えればいいか分からないからです。そんな質問が毎日続くと、答えること自体がおっくうになって、「別に…」と言ってしまうのです。

　保護者の方から、「学校のことを聞いても会話が成り立たない」といった声をよく耳にします。私もそれが気になったから、子どもたちに冒頭のアンケートをしてみたのです。

「学校はどうだった？」という質問では、先生のことなのか、友達のことなのか…子どもたちは分からないから答えられないのです。だから、投げやりな「別に…」という返事しかしないのです。したがって、質問する親の側が、子どもが答えやすい質問をすることが必要です

　例えば
　●給食はおいしかった？
　●天気がよかったからボール遊びをしたのかな？
　●かぜをひいていた〇〇ちゃんは、今日は学校に来た？
　といった具合に。

　具体的な問いかけに対しては、子どもは具体的な場面を思い出しながら、いろいろと話してくれます。会話はそこから続いていくことでしょう。相手が答えやすい質問を心がけたいものです。

第3章 3時間目

自分から話しかけられる子どもを育てよう

ポイント

1. いろいろな人と話す機会を与えよう。
2. 親が"代弁"することをやめよう。

子どもたちとあるシミュレーションをしました。
「休日、家族でバスに乗ってデパートに洋服を買いに行き、その後ファミレスで食事をして、またバスに乗って帰る。この間に話せばいいことは何か？」
　という内容でした。

　現代は、言葉のない「無言化社会」とも言われます。様々な自動販売機が巷にあふれ、機械が言葉を発する時代です。自らが言葉を話さなくても、多くの用事が済んでしまう社会になっています。
　他者と言葉で関わらなくても過ごせる、そんな毎日になりつつあるのですが、それを普通だと思ってはほしくないと、私は考えています。

　子どもたちも考えました。
● 近所の方と出会った時の「おはようございます」といったあいさつ。
● バスの運転手さんやお店の方への「ありがとうございました」などのお礼。
●「〇〇売り場は何階ですか？」「おいくらですか？」といったお尋ね。
●「もう少し明るい色を見せてください」といったお願い。
　合計68個も出てきました。

　中には、「なるほど」と感心した言葉もありました。
「お願いします」と運転手さんに言うべきだと話した子どもは、「子どもが乗ったということを知らせることになる。乗り過ごさないように気をつけて、安全運転をもっと心がけようと思っていただけるから」と話しました。

　物おじせず他者に話しかけることのできる子どもに育てたいものです。初めて会う人や大人とも会話ができるように、親が喋ってしまうのではなく、その機会を与え見守ってあげることが大事です。

第3章 4時間目

思いやりのある発言をさせよう

ポイント

1. 非難には代案を出させよう。
2. 自分の発言の相手への影響を考えさせよう。

子どもたちの話し合いを聞いていると、ときとして次のような発言があり、私にはとても気になります。
「もし１年生が言うことを聞かなかったらどうするのですか？」
「もしふざける人がいたらそれはできるのですか？」
　といった質問の形をとった「非難」の発言です。

　話している子どもは、その発言が相手とのコミュニケーションを豊かなものにしていない、ということに気づいていません。また、意見を否定しているだけで、代案を示していません。

　質問された子どもだけでなく、その場の全員の気持ちは暗くなってしまいます。その後の話し合いも気まずいものになってしまいます。思いやりのない無責任な発言だからです。そして、こうした発言は現状をよくしたいという積極的な考えをもった子どもたちの行動の妨げにさえなってしまっているのです。

「どういう言い方に変えればいいですか」
　と私は問い、考えさせました。
「そのような状態になるという事実をまず話すべき」
「もしそうなったら自分はどうするべきだと考えているのか話すべき」
　といった意見が出されました。

「前回、１年生が自分勝手をして本を傷つけていました。今のままだと…」
「もしふざけていた人がいたら、その人は参加させないというルールをつくるといいですよね？」
　一方的な「非難」ではなく、意見に反対する限りは代案を出す責任があることを自覚させ、共に考え合おうとする言葉の使い手に育てたいものです。

第3章 5時間目

具体的に話すことを意識させよう

ポイント

1. 知っていることを言葉に出させよう。
2. 家庭でも"NGワード"を決めよう。

スピーチの授業の前に、"学級NGワード"を決めました。
「みんなに伝わるスピーチにするために、使うのをやめた方がいいと思う言葉は？」
　という私の問いかけに、
●すごい、すごく
●いろいろ
●おもしろかった
●楽しかった
などの言葉が出ました。

　さすが6年生です。「どうしてそう思うの？」という続けての問いに、「具体的じゃないから」「ありきたりの感想だから」といった声がすぐに出ました。多くの子はその意見に自信ありげに納得顔をしていました。
「なるほど。でも使ってしまうよね。なぜ？」
　この問いには子どもたちも考え込みました。意見が出ません。しばらくして、ある女の子が、
「具体的にするのには勇気がいる。詳しく話すことになるから、その間、自分はみんなの視線を受けることになる。勇気がないとできないから。だから、簡単な言葉でごまかしてしまう。自分中心…」
　こんな内容の発表をしました。
　私は、「大きな拍手をしてあげよう」とまず全員に指示をして、次のように話しました。
「素晴らしい。具体的に話すことから逃げてはいけない。体験も感想も勇気を出して聞き手のためにも具体的にする。それが自分の成長につながる。みんなは挑戦しますか？」
"学級NGワード"を見ながら子どもたちは大きくうなずきました。

　家庭でも"NGワード"を決めて、具体的な内容のともなった会話を心がけたいものです。

第3章

6時間目

1年後に
言われたい言葉

ポイント

1.「ありがとう」と言われる子どもにしよう。
2. 少し先のゴールを意識した接し方を考えよう。

教室の目立つ場所に、「1年後に言われたい言葉」というアンケート結果を貼り出しています。写真は、ある年の4月に6年生32人に聞いた結果です。

　なぜこのようなアンケートをとり、目につく場所に掲示しているかというと、子どもたちにも「ゴール」を意識させたいからです。
　私自身も、忙しい毎日の目先の「指導」だけにとらわれずに、1年間のゴールを見据え指導を行っていきたいからです。

　ある年度の言われたい言葉のナンバー1は、「ありがとう」でした。子どもたちは、行事はもちろん、日々の学校生活の中で、自分の力をみんなのために発揮しています。「ありがとう」の言葉をたくさんプレゼントされるようになってきました。

　人からありがとうと言われることによって、自分（たち）の存在価値を知り、自尊感情も高まってきていることでしょう。
　その場しのぎの指導（＝点）ではなく、1年間を見通した指導（＝線）を行うことは大切です。

第3章 7時間目

結論を はっきり話させよう

ポイント

1. 「だから」で結論を促そう。
2. 意見は「結論＋理由」で話させよう。

学級会や代表委員会など、話し合いの場面も学校にはたくさんあります。
　活発に手を挙げて発言はするのですが、どうもすっきりしない内容の子どもが目につきます。その子たちに共通することは、
「○○について・・・だと考えます」
「△△は・・・になると考えています」
　といった意見が多いのです。
　何が足りないのでしょう。
　そのような意見が続いた時に、次のように私は言います。
「結論を言いなさい。『だから』何なのですか？」

　子どもたちはハッとした顔になり、
「・・・だと考えます。だからＡ案には反対です」
「Ｂ案に賛成です。理由は・・・」
　と言い直します。それによって話し合いはかみ合い深まっていきます。

　話し合いの最後に、
「結論をはっきりと言いなさい。少し勇気がいるかもしれません。だからといって、モゴモゴ、ダラダラ話していてもダメです。結論はいちばん大事なキーワードです」
　と話すと、子どもたちは安心した顔になります。

　私は、「ルールのある話し合い」の力をつける方法として、積極的に「ディベート」を取り入れていました。「ディベート」では、「人と意見を区別すること」や「理由を明確にして意見を述べること」を学ぶことができるからです。（P.107参照）
　また、私は常々、「理由のない意見は『いじめ』と同じだ」ということを指導しました。理由の明確な意見を、責任をもって表明するという、基本的な態度を身につけたいものです。

第3章

8時間目

価値ある
無理をさせよう

ポイント

1.「今月の言葉」を決めよう。
2.「常よりも…」と意識させよう。

「今月の言葉」という取り組みを教室でしていました。この章の1時間目に書いた「価値語」の取り組みの一つの形態です。毎月、一つの言葉を示し、その言葉を意識して生活しようという取り組みです。

　先月は、「価値ある無理をしよう」でした。主にコミュニケーションを必要とする場面で子どもたちと大切にしました。

　具体的には、
●常よりも少し大きな声であいさつをしよう
●常よりももう少しうなずくことを意識しよう
●常よりも笑顔をつくって相手と会話しよう
●常よりももう少し説明の言葉を詳しくしよう
といった具合に、ことあるごとに話したのです。

　そもそもコミュニケーションとは、相手を尊重することでしょう。自分中心ではなく、相手中心であるべきでしょう。このように考えると、「常よりも…」と「価値ある無理」をしなければいけないと考えたのです。

　数週間が過ぎると、子どもたちの生活の中に「価値ある無理をしよう」がキーワードになってきました。教室の中が、少し優しくなってきました。

「卓上版菊池省三先生の価値語日めくりカレンダー」（中村堂）より

第3章　9時間目

質問・感想を"セット"にさせよう

ポイント

1. 聞きっぱなしにさせないようにしよう。
2. 質問・感想は相手への礼儀だと教えよう。

学校にもたくさんのお客さまが来られます。
　その方々のお話が終わった後、「何か質問はありませんか」「感想を発表してください」と、先生方が子どもたちに聞きます。多くの場合、子どもたちは黙ったまま。急に下を向いて目をそらす子もいます。とても残念で悲しくなります。

　私の学級では、「お話を聞いたら必ず質問や感想を話す」ということをルールにしています。つまり、「反応することは"セット"です」と約束させているのです。

　年度初めの早い時期に、
「せっかくみんなのためにお話をしていただいたのです。質問したり感想を言ったりするのは礼儀です。相手の方へのお礼です。次からはそのつもりで参加し、それらができることが当たり前の人になりましょう」
　と話します。

　すぐにはできませんが、少しずつ参加態度、話の聞き方が変わってきます。「質問、感想を…」の声に、パッと反応できる子どもになります。

　大人が参加する講演会やセミナーなどで、終盤に司会の方が、
「せっかくの機会ですので、ご講演いただきました〇〇先生に、何かお聞きしたいことはございませんか？」
　と参加者に投げかけることがよくあります。
　すると、会場の人たちが急に下を向いて、資料を見直す（ようなふり？）仕草をすることがよくあります。
　私が講演を多くするようになったからかもしれませんが、やはり感想や質問を出していただくことはとても大切だと思っています。私の話した内容がどのように伝わったのか、言い足りなかったところはなかったかが、質問をいただくことで分かるからです。

第3章 10時間目

「ありがとう」を増やそう

ポイント

1. 何かをしてもらったら「ありがとう」と言える子にしよう。
2. 何かをしてあげたときに「ありがとう」と言える子にしよう。

ある年の子どもたちに聞いた「あふれさせたい言葉」「１年後に言われたい言葉」の第１位は、どちらも「ありがとう」でした。
　ある日のこと。男の子が女の子に、
「職員室の掃除を手伝わせてくれて、ありがとう」
　と言っていました。

　すぐに教室でその話をして、
「今までの『ありがとう』とは少し違います。どこが違うのでしょう」
　と子どもたちに聞きました。
「今までは、自分が何かをしてもらってありがとうでした。だけど、自分が相手のために何かをして、自分からありがとうと言っています。今までとは逆です」
　といった意見が出ました。

「誰かに何かをしてあげて、『ありがとう』と言うのも素敵ですね」
　とまとめました。
　教室の中に、今まで以上に「ありがとう」が増えてきました。
　子どもたちのかわいい笑顔と温かい感謝の気持ちが、教室の中にあふれてきました。

「ありがとう」の語源は、「有り難し（ありがたし）」という、「滅多にない」とか「珍しくて貴重だ」という、「有る（ある）こと」が「難い（かたい）」という意味です。もともとの意味を伝えることで、「ありがとう」という言葉のもつ大切さを確認したいものです。

　東北のある中学校の校長先生は、「日本一『ありがとう』があふれる学校」を目標として掲げ、「一日に39回『ありがとう』を言おう」というポスターを掲示されていました。「39回」は、「Thank you」（サンキュー）の駄洒落ですが、そんな明るい学校や家庭にしたいものです。

第3章 11時間目

「小さな反応」を
大切にしよう

ポイント

1. 話し手に通じる聞き方を教えよう。
2. 具体的に教え、体験させよう。

クラスの子どもたちが、１時間ほどの講演を聞くことになりました。
　そこで、「どんなことに気をつけてお話を聞けばいいか」を前もって考えさせました。
　　話し合う中で、「小さな反応を大切にしよう」ということが出てきました。

　例えば、
(1)　「聞いていますよ」ということが伝わるようなうなずき方をしよう。
(2)　お話の中で聞かれたら「はい」「いいえ」「あります」「ありません」などと答えよう。
(3)　少し前かがみの姿勢で聞こう。
(4)　拍手の時の手の位置を少し高くしよう。
などが出てきました。

　講演会が始まりました。講師の先生も笑顔です。子どもたちも笑顔です。講演後に、「とても話しやすかったです。キャッチボールでしたね」というおほめの言葉をいただきました。
「聞き上手は話し上手」とよく言われます。「聞くこと」はコミュニケーションの第一歩であるとともに、最も大切なことだとも言えます。

「しっかり聞きなさい」
「キチンと聞きましょう」
　と態度的なことをいくら注意しても、子どもはどうしていいのか分かりません。
・相手の顔や目を見る。
・必要に応じてメモをとる。
　なども大切なポイントです。具体的に教え、体験させることが大切です。

第3章 12時間目

「たいたい言葉」に気をつけさせよう

ポイント

1. 言葉と行動がつながっていることを教えよう。
2. 言い切ることを習慣化させよう。

子どもたちに日記を書かせていました。
　ある男の子の日記の題名が、「『たいたい言葉』を減らそう大作戦」という変わったものでした。
「～したい」「～したいと思います」という作文は、そう思うだけで何も実現できず、自分の行動に甘さが出てしまうからなくすべきだ、という内容でした。

　人は、その甘い気持ちに押し負けないで、たたかう気持ちをもって新しい一歩を踏み出さなければいけない。そして、「～します」「～する」とやる気を前面に出すべきだとも書いていました。
「するする言葉」と命名していました。その日記をクラスの子どもに読ませました。

　こんな感想がありました。
「確かに、『たいたい』の場合は、「～したかったです」となりやすく、『するする』だと、「～した」「～できた」となるようです。言葉一つでこんなにも違うのかと考えました。私も『するする言葉』で生活します」。

　私は言葉で人間を育てるという教育哲学ともいうべき信念をもっています。人は言葉によって様々な価値を知り、言葉によって他者と関係をつくります。
　言葉と行動は、密接な関係にあります。
　言い切る言葉を使うことで、自身の思っていることや願っていることを、強い意志として周りの人に伝え、それを実現しようと行動が変化していきます。同じ意味で私は、「～だと思います」ではなく「～です」と言い切ることも指導しました。
　言い切ることで、少しずつ子どもの様子が変わってきました。言葉で生活が変わってきました。

第3章 13時間目

言葉がセットになる行為の指示を掲示しよう

ポイント

1. 子どもの望ましい行為を撮った写真と言葉をセットにしよう。
2. 我が家の成長のアルバムを作ってみよう。

私は、教室の側面に「価値語モデルのシャワー」という掲示物を貼っていました。これは、私が写真に撮ったある子どもの望ましい行為や学習の事実を価値ある言葉とともに掲示して可視化したものです。これによって子どもたち一人ひとりの非言語の部分のよさや友達関係の望ましい行為を全体に広げることができます。（※「価値語」については、P.70参照）

　私は、以下の3点を意識して写真を撮っていました。

●全員に身につけてもらいたい重要な行為

　例えば、菊池学級では定番となった「一人が美しい」などです。友達と群れないでやるべきことをきちんと行う子どもの様子を写真に撮って示しました。

●非言語のよさや、友達関係の美しさ

「学び合う＝寄り添う」などです。
「こういった行為をたくさんの子どもたちができるといいな」と教師が思う子どもの様子を写真にします。

●教室の事実

　授業のあしあとを掲示します。「あの時、この授業したよね？」と、子どもたちに意識してほしい授業を可視化させます。

　このように写真と言葉を組み合わせることで言葉の意味が明確になるとともに、その言葉を他の場面で応用できるようになっていきます。

　家庭でもこのような形で意識的にお子さんの成長の姿を撮影し、言葉を添えてあげると、一味違う成長のアルバムができることと思います。

第3章

14時間目

「うれしかった一言」
「悲しかった一言」を
伝え合う時間を
つくろう

ポイント

1. 「言われてうれしかった一言」と「悲しかった一言」を書き出してみよう。
2. 意識せずに交わしている言葉を、立ち止まって振り返ってみよう。

これまで、本書の中で「あふれさせたい言葉」「なくしたい言葉」「1年後に言われたい言葉」を取り上げてきました。
　教室の子どもたちは、言葉で友達とのつながりを強めたり、弱めたりします。
　人は言葉によって考え、言葉によって判断するのですから、根本にある「言葉」を整えていくことで、子どもたちの考えも行動は大きく成長し、子ども同士の関係は温かくなり、学級の雰囲気も調和した集団的なものへと変化していきます。
　そうした中で、日頃使っている言葉を見直す機会を意識的につくることはとても大切です。
「あふれさせたい言葉」「なくしたい言葉」など、話し合いの中で学んだことが日常生活の中に生かされているかを確認するためです。
　言葉には、「言った人」も、「言われた人」も、「聞いていた人」も気持ちが良くなる言葉と、「言った人」も、「言われた人」も、「聞いていた人」もいやな気持ちになる言葉の二通りがあります。それを子どもたちの体験の中から拾い上げていくのです。
　それまでの生活を振り返って、「言われてうれしかった一言」と「悲しかった一言」を書き出してみます。
「言われてうれしかった一言」では、
「毎日学校に来てよかったなあ」
「やっぱりこの学級でよかったなあ」
　と強く感じることができます。
「悲しかった一言」では、
「クラスをもっとよくしていくにはどうしたらいいか」
「友達と共に成長し合うためには何が必要か」
　という視点で振り返りをすることができます。

　家庭の中で、意識せずに交わしている言葉を、立ち止まって振り返ってみるとよいでしょう。

第3章 15時間目

「すみません」を無意識に使わないようにしよう

ポイント

1. 謝罪の場面以外で「すみません」を多用しないようにしよう。
2. その場面にふさわしい言葉は何かを考えて使おう。

日常会話の中で、「すみません」という言葉が多用されていることが私にはとても気になります。
　例えば、訪問先でお茶を出してもらった際に「すみません」。
　電話をして、「すみません。〇〇さんはいらっしゃいますか？」
　何かの点検で訪問された人に「すみません。よろしくお願いします」。
　忙しいところ迷惑をかけてしまい申し訳ありません、という気持ちが「すみません」という言葉につながっているのだと思いますが、何でも「すみません」で済ましてしまうのはいかがでしょうか？

「すみません」は、謝罪、感謝、依頼の意味で使われているようです。
　上の例は、感謝と依頼にあたります。
「すみません」の語源をたどってみると、「済んでいない」が元来の意味で、「お詫びする気持ちがまだ済んでいない。お詫びをきちんとしきれていない」という意味だそうです。かなり本気度の高い謝罪だということが分かります。
　謝罪の負の言葉で感謝を伝えるのではなく、「ありがとうございます」の言葉で向かい合いたいものです。
「すみません」を使うことで、伝えなくてはいけない気持ちをあいまいにしてしまうことが多いのです。

　私は、子どもたちに「なんでも『すみません』と言うのはやめよう。場面にふさわしい言葉を目的に応じてはっきり言葉で伝えよう」と言ってきました。
　何かを指摘されたときに、すぐに「すみません」という言葉で反応して、とりあえず謝ってしまう態度は、コミュニケーションを閉ざしてしまうことにつながります。

　家庭に宅配便が届いたときに、ついつい「すみません」と言いながらドアを開けてはいませんか？

第3章 16時間目

強引な価値付けをしよう

ポイント

1. 相手をよく観察して、プラスの面を探し出そう。
2. 本気で成長を願って、強引であっても価値付けをしよう。

「私はほめるのが苦手です。相手のほめる内容を見つけられないのです」と言われる方が時々います。

　以前にも書きましたが、「ほめるとは価値を発見して伝えること」です。ほめることが見つからないということは、相手の価値を見つけられないということです。

　ほめることの第一歩は、相手をよく観察することです。その人の振る舞いをよく見て、プラスの面に目を向けてほめるのです。
「美点凝視」という言葉のとおり、相手の良いところを指摘して価値付けてあげるのです。

　私は教室で「成長ノート」という取り組みをしていました。「成長ノート」は、教師が書かせるテーマを与えて、作文を書かせるものです。書くことに慣れさせることや子どもに自分の成長を意識させること、そして教師が子どもとつながることをねらいとしていました。
「成長」に必要なテーマを与えて書かせ、教師がそれに「励まし」のコメントを入れ、それを繰り返すことで成長を自覚させ、教師と子どもとの関係を強いものにしていきました。

　写真は、書くことが苦手だった子どもへの私のコメントです。赤ペンは、ほめるために入れました。どんな些細なことでもいいから、ノートに向かい合って作文を書いたその子を全人格的にほめるのです。最後には、「君のがんばりがうれしいです。ありがとう」と書いています。

　一人の子どもの成長を本気で願って、強引であっても価値付けをしていきます。ほめる観点、視点は、本気でその子の成長を願うことがスタートだと思っています。

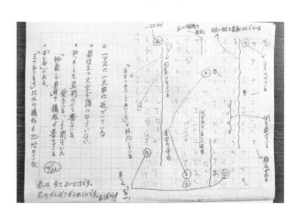

「写真で見る菊池学級の実際③」

「価値語」で考え方や行動をプラスの方向へ（P.68・69 参照）

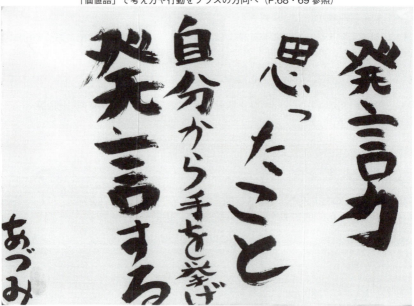

「価値語ポスター」（P.68・69 参照）

言葉と行為をセットして掲示（P.92・93 参照）

非日常を成長のチャンスととらえた「成長年表」（P.118・119参照）

菊池学級の子どもたちの机の上にはいつも本が積まれている（P.120・121参照）

第4章

大人も子どもも一緒でしょ

第4章 １時間目

叱られるよりも
ほめられた方が
うれしい

ポイント

1. ほめると叱るは、９：１の割合で。
2. ほめるは、「ほめて」「認めて」「盛り上げる」。

「叱られるよりもほめられた方がうれしい」、これは大人も子どもも一緒です。

私が尊敬する有田和正先生（2014年に亡くなられました）は、「子どもは学校にほめられるために行く」という趣旨のことを言われました。「よし、今日も先生にたくさん怒られに学校に行こう」と思って学校に行く子は一人もいないと思います。

自分のプラスの部分をほめられることで価値付けてもらえることは、大人も子どもも同様にうれしいことなのです。

大人が、仕事で結果を出して上司にほめられる、逆に仕事でミスをして叱られる、その時の気持ちは全く子どもと同じです。

「菊池先生は、ほめるばかりで叱ることはしないのですか？」という質問をよくされます。若い頃は、周りの仲間から瞬間湯沸かし器と言われていたくらい、かっとなって怒るタイプでした。

ただ、ほめることの意義を知るようになってからは、1年間の時期にもよりますが、ほめるを9、叱るを1ぐらいの割合にしていました。

ほめるということを深めていくと、それは単におだてるとか、人をコントロールしようとするとかとは、全く違う世界だということが分かってきます。

教室という集団の中では、ある子をほめることで、別の子を間接的に叱ることもできます。「立派な姿勢ですね。皆さん、Aさんに拍手」とAさんをほめることで、姿勢の良くなかった他の子どもの姿勢が直ってくるのです。叱られることで正すのでなく、周りがよくなっていくことで、集団の中の一人ひとりが良くなっていくという原理です。

叱るというぶつかる指導で、大人と子どもが対立するのではなく、認め合う温かな関係の中で子どもたちに自信を感じてほしいと思います。「ほめて」、「認めて」、「盛り上げる」という流れを大切にしていきたいと思います。ご家庭でも応用してみてください。

第4章 2時間目

好きな人とは話したいが、嫌いな人とは話したくない

ポイント

1. 人と意見を区別するという考え方を大切にしよう。
2. 信頼と安心の関係づくりに努めよう。

大人も子どもも一緒だと強く思うことに、「好きな人とは話したいが、嫌いな人とは話したくない」ということがあります。これは変わらぬ原理だと思います。ただ一方で、そのままにしておいてはいけないことでもあります。「あの人は嫌いだから、一切話をしない」というのでは、社会生活を営むことができません。関わらなくても済む程度の関係だったり、遠く離れていてめったに会うことはないというような場合はそのままでもいいのでしょうが、それが仕事上、どうしても付き合わなくてはいけないとしたら大変です。
　私は、「人と意見を区別する」という「価値語」を子どもたちに伝えてきました。「たとえ、その人が嫌いであったとしても、意見の内容は正確に判断しよう」との意味であり、「話し合うことで意見の違いを理解し、信頼関係をつくっていこう」との積極的な思いも込めた価値語です。

　私は、人と意見を区別するための訓練として、ディベートという方法が最も有効であると考えています。ディベートと聞くと、教室にそれが導入されたときの誤解から、ネガティブな印象をもたれる方もいるかもしれませんが、ディベートは、私の考える、自立して考え続ける人間を育てるための手段として、きわめて優れた手法だと思っています。
　ディベートをすることによって、次のような価値を身につけられます。
● Win-Win-Winの関係づくり
　ディベートの三者（肯定側・否定側・審判）のみんなが納得することで、みんなで成長するという学び合いの基本的な価値観が育つ。
●人と論を区別する
　論が正しいかどうかを判断する経験を積むことができる。
●見学者ではなく参加者になる
　ディベートでは、全員が何らかの役割を担う。

　家庭でも、ディベート的なゲームから取り組んでみてはいかがでしょうか？

第4章 3時間目

自信が生まれるのは、安心できる場所

ポイント

1. 大人は、子どもの居場所をつくってあげることが大切。
2. プラスに見ていてくれている人がいるという経験を積ませよう。

「教室は家族です」という価値語が、ある年の教室から生まれました。

　2015年12月に出演させていただいた日本テレビ系列の「世界一受けたい授業」の中で、教え子の中村愛海さんが、インタビューに対して、次のように答えてくれました。
「(菊池先生のクラスになる前は)喧嘩はしょっちゅうあって、周りの人を自分から傷つけ合っていて、自分もいろいろ暴言を吐かれたりして傷つけられていたんですけど、菊池先生の授業を受けて教室にずっといたくなって。みんながみんな尊重し合うクラスになりました。居心地が家よりよかった!」
　また、同じ番組の中で、
「学級崩壊の原因は、自分に(　　)がないから」
　というクイズ形式で問題を出させていただきました。その問いに対する私の答えは、
「学級崩壊の原因は、自分に(自信)がないから」
　です。
　自信がないために、「どうせできないから、自分は」と、人の目を気にして攻撃的になり、学級崩壊は起こるのです。大事なことは、しっかりと自信をもたせることです。
　私はその方法として「ほめる」ことを最大限に活用しています。
　前述した「成長ノート」も、教師と子どもを1対1でつなぎ、「先生はあなたのことを見ていますよ。安心してください」というメッセージを届け続けるものなのです。
「ビリギャル*」で有名になられた坪田信貴先生が、テレビ番組で「やる気を伸ばすのには、自信と居場所と感謝だ」とおっしゃっていたのを印象的に覚えています。のびのびと安心できる居場所を、子どもにつくるのが大人の責務です。

* 映画「ビリギャル」。書籍『学年ビリのギャルが年で偏差値を上げて慶應大学に現役合格した話』(アスキー・メディアワークス刊)をもとに映画化されたもの。

第4章　4時間目

最初は抵抗がある
ことでも練習すると
ほとんどのことは
上達する

ポイント

1. まず、コミュニケーションゲームから始めてみよう。
2. コミュニケーションは、練習次第で上達する。

第1章に少し書きましたが、学校でコミュニケーション教育を受けたことがない人がほとんどだと思います。そうした中で、いきなりコミュニケーション力を高めようとか、積極的にコミュニケーションをしてみよう、と言われてもしり込みしてしまうことでしょう。
　コミュニケーションもスポーツと同じで、トレーニングをすることが必要です。いろいろな技術もありますから、それ自体を知ることも有効です。逆に言えば、一定トレーニングをすれば、誰でもコミュニケーション力を身につけることはできるのです。

　私は、教室でコミュニケーションを活発化させるための方法の一つとして、よくゲームを行っていました。「『話し合い力』を育てる　コミュニケーションゲーム62」（中村堂）という書籍を出させていただいていますが、そこではコミュニケーション力をつける導入としての62のゲームを紹介しています。
　ゲームの良さはいろいろありますが、まず、なんといっても楽しみながらできることがいちばんです。無味乾燥とした機械的なトレーニングではすぐに飽きてしまって長続きしません。子どもたちはゲームが大好きですから、ゲームを通して知らず知らずのうちにコミュニケーション力をつけていきました。
　また、ゲームには勝ち負けがありますので、子どもたちは真剣に臨んでいました。そして、勝ち負けを決めるということは、必ず勝負の判定基準が必要です。どういうときに勝ちか負けかの判定基準をあらかじめ設定しておく必要があります。この勝負の判定の基準を設定する中で、内容だけでなく、例えば、声の調子や口調、表情や身振り手振りといった非言語の部分にも着目するようになり、コミュニケーションの奥深さをより理解していくことになるのです。

　家庭でも、コミュニケーションゲームに取り組んでみてください。

第4章 5時間目

何事も軌道に乗れば
いいことが起こる

ポイント

1. 人間関係に関することはすぐには効果は出ない。
2. 軌道に乗るまであきらめずに頑張ろう。

「菊池学級」のキーワードの一つは「成長」です。

　子どもたちは、「学校に来る目的は、成長すること」との思いで、一日一日を過ごしていました。

　私は、１年間の見通しをもって子どもたちの成長を考えるということを大事にしました。１年間の成長のゴールとして学級目標を掲げます。

　ある年の学級目標を子どもたちと話し合って、「傾聴力を鍛え合う学級」としました。１年がスタートしたすぐの時期に、教師から「友達の方に体を向けて話を聞きなさい。学級目標で『傾聴力』って決めたじゃないか。みんなきちんと聞きなさい」などと言われたとしても、最初から子どもがそのようなことを意識しながら学校生活を送ることは難しいでしょう。１年後の姿を見据えながら、スモールステップでコミュニケーション力を身につけていくことが大切なのです。

　年度のスタート段階で、「成長するＡの道を進むのか、成長しないＢの道を歩むのか」という話を必ずします。新年度のスタートに、１年間の成長を共に約束し合うのです。

「成長曲線」という子どもがつくったポスターがあります。下の写真を見てください。成長を加速させていく中で、Ａの上のＳＡ（Super A）という言葉がクラスの中で誕生しました。ＳＡとＡの違いは「相手も自分もみんな好き」という集団意識にあります。成長は、まっすぐ直線のようには伸びていません。成長のポイントとなるところには「ここであきらめずに前途洋洋を信じて夢を掴もう」と書いています。子どもたちは、実感として頑張り時と輝く未来を理解しているようでした。

　何事も軌道に乗るまであきらめずに頑張りましょう。

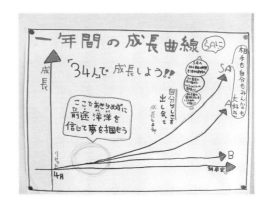

第4章 6時間目

違う立場の人との出会いは成長である

ポイント

1. 子どもたちに出会いの場をたくさんつくってあげよう。
2. 最新学習歴を絶えず更新しよう。

私は、現職の教員時代から教育の外の世界の方々とお付き合いさせていただくことが大好きでした。
　学校行事という非日常で子どもを成長させるということについては、このあと述べますが、私はそれ以外の非日常を仕組むのも好きでした。それは、教師のプロデュース力であり、成長しようと頑張っている子どもたちへの礼儀ではないかと思っていたほどです。
　きっかけさえあれば、若い頃から各方面からの取材を受けていました。教室には、新聞記者もテレビ局のカメラも、出版社の編集者も、いろいろな人がやってきました。新聞への掲載は数えきれません。
　こうしたことは、全部子どもたちの成長を思ってのことであり、子どもたちの成長へのご褒美のようなものでした。
　33年間いた学校という空間は、正直、とても内向きでした。教師の世界の中だけで、閉ざされた議論をしていました。
　私は幸いにも日常的に、文部科学省の官僚の方にお会いしたり、民間の様々な企業の方々にお会いしたり、テレビ・新聞・出版・映画などのマスコミの方々ともお会いしたりしていました。そのことは、退職した現在、ますます加速しています。もちろん、全国各地の先生や、教員を目指す若き大学生の皆さんなどとも日々交流しています。

　そうした中で、多くの方々から、知らなかった知識、新しいものの考え方、別の角度からのものの見方、最新の情報などを教えていただき、自分の考え方の中に取り入れています。
　学校を一度飛び出して、学校という枠組みを超えた取り組みをしない限り、日本の教育は変わっていかないとの思いで現在の立場で活動している次第です。
　私の敬愛する京都造形芸術大学副学長の本間正人先生は、「最終学歴を語るのではなく、最新学習歴を更新しよう」と呼びかけられています。無限の可能性をもつ子どものために、新たな出会いをつくってあげたいものです。

第4章 7時間目

対話をしている時に新しい気づき発見が生まれる

ポイント

1. 毎日の対話を大切にしよう。
2. 対話の中から、新しい気づきと発見を生み出していこう。

映画「挑む～菊池省三・白熱する教室」というドキュメンタリー映画を、筒井勝彦監督につくっていただきました。私自身が全国で行っているセミナーの様子や、私が目指す教育を目指して取り組む日々の姿を映像記録としてまとめていただいたものです。
★詳しくは、以下のホームページをご覧ください。http://idomu-kikuchi.com/

　その映画の中には、休日に行った教師向けのセミナーに、菊池学級の子どもたちが参加して、教室の様子を再現してくれた場面があります。
　朝の質問タイムの中で元山さんという女の子が、内川君という男の子に対して、
「白熱する話し合いができる菊池学級で、あなたはどんな役目を果たしていますか」
という質問をしました。
　それに対し、内川君は、
「自分は表現力はあるけれど、発表力がないので、ぼくの役割は、アイディアを出して、人に言ってもらったり、グレードアップしてもらうこと」
と答えました。
　さらに、感想として、
「話し合いの中で、ぼくは役目を決めていなかったけれど、元山さんから質問でそのことについて考えることができました」
と答えています。
　私は、その場で「新しい気づき、発見ね」とコメントして、対話の価値を参加者も含めた全員と共有しようとしました。

　全国の多くの教室では、知識を伝達することを第一義とした一斉指導が行われています。私は、対話が活発に行われる白熱する教室を目指してきました。対話の中で、主体的な学びが育っていくからです。
　家庭での活発な対話が新しい気づき発見を生んでくれることでしょう。

第4章 8時間目

非日常の感動体験は忘れられない

ポイント

1. 成長を促す非日常を大切にしよう。
2. 成長年表で非日常を見える化して、常に意識させよう。

私の学級では、新年度のスタートに「〇年〇組成長年表」というものを教室の後ろの上部に貼り出していました（P.102写真参照）。

　新年度の最初の日に、「成長年表をつくるよ」と子どもたちに伝えるのと同時に貼り出していました。最初の欄に、「4月7日」「六年一組誕生」「34」と書かれています。「34」は、クラスの子どもの数ですが、34人という人数を意識してみんなで成長してほしいという願いを込めて、スタートの短冊に書きました。

　つまり、「成長年表」には、「日付」と「非日常となる行事名」、「その行事で目指すことの核となるキーワード（価値語）」の三つを書いた短冊を貼るのです。

　この未来を志向した年表によって、見通しをもって行動することができるようにするとともに、その非日常行事の核となる言葉を通じて、学級のレベルを上げ、さらに成長の歩みを進めようとの考えに基づいたものです。

　行事が終わったあと、それぞれの行事写真を、成長のポイントを残すという意味で、年表に貼っていきます。全ての写真は貼れませんので、ポイントだと思う写真を選んで貼りました。

　さらには「成長ノート」に、目標が達成できたかどうかの振り返りを書きます。

　学校では、年中様々な行事が行われています。行事に忙殺されているという実態もあるのですが、一つひとつの行事を子どもの成長のチャンスと捉え、見通しをもって主体的に参加させることは、教師の大事な役割です。行事という非日常を、私は日常の指導の力試しの場として活用するチャンスだととらえていました。一つの行事に成長のめあてをもって取り組み、終わったあとで振り返りをすることによって、次の成長の目標が見えてきます。それを言葉とともに効果的に次に残していくことで、一年間の成長を振り返ることができます。

　家庭でも「成長年表」をつくってみてください。

第4章 9時間目

読書をしたら得した気持ちになる

ポイント

1. 本を読むことを習慣化させよう。
2. 家族が集まる場所に本や辞書を用意しておこう。

コミュニケーション力を高めていく基本は、言葉を多く獲得することです。言葉を知っていないと、気持ちや考えたことを相手に伝えることはできません。
　そして、言葉を獲得する方法の基本は、本をたくさん読むことです。私の場合、人と話をしていたり、講演をさせていただいたりする中で、「何か気持ちが前に出て行かないな」と感じる時は、本を読んで自分の中に新しいことをインプットできていない時です。本を読んで、絶えず新しいものを吸収していないと、自分の話す言葉に新鮮さを感じられなくなってしまうのでしょうか。

　読書をすることの効果はいろいろあります。語彙が増えるということもそうですが、本を読むことで集中力がつきますし、作文を書くときの構成力もつきます。
　学校では、朝の10分間とか、ドリル学習が終わった後の2分間など、短い時間でも読書をするように仕掛けていました。そのため、本をすぐ手にできるようにと、机の上には絶えず数冊の本を積んでいました（P.102写真参照）。
　読書とともに、辞書引きも言葉の数を増やしていくのに、大変有効です。「すごいです」とか「いいと思います」の一言だけで気持ちや意見を表すことに慣れてしまっている子どもがいます。内容を豊かに相手に伝えていくためには、言葉を獲得していくことが不可欠なのです。
　辞書は、国語の言葉調べのときだけ引くのではありません。算数でも、社会や理科でも辞書は活用できます。家庭では、テレビ番組を見ていて知らない言葉に出会ったり、新聞や雑誌で知らない言葉を発見したときなど、いつでも引くようにさせたいものです。
　先ほどの写真の積み上げた本の中には辞書も入っているのがお分かりいただけるかと思います。

　家庭でも、家族が集まる場所に本や辞書を用意しておきましょう。

第4章 10時間目

新しく知った言葉は使いたくなる

ポイント

1. 価値ある言葉を家族で共有しよう。
2. 学んだ言葉をどんどん使ってみよう。

「婦人公論」（2016年3月8日号）という雑誌で、作家であり歌手でもあられるドリアン助川さんと「『ウザイ、キモイ』で完結させない、いじめをなくす"言葉のシャワー"」と題する対談をさせていただきました。
　ドリアン助川さんは、「『名詞の森』を豊かにしよう」という主張をされていて、そのことの効果を私が質問した際に、次のようにお答えいただきました。
「たとえ受験や就職に失敗しても、たとえお金がなくても、語彙を増やしていくことはできる。名詞の森は、ただそれだけで財産になると同時に、言葉はやがて実体験を求めて持ち主を正しい道へ、未来へと導いてくれます」。
　私は、この「言葉はやがて実体験を求める」という言葉に大変感動しました。

「価値語」を学んだ子どもたちは、教室の中で、また日常生活の中で積極的に使い始めるとともに、生活それ自体が大きく変化し、成長の姿を現してくれました。そんな自身の経験とドリアン助川さんの言葉が重なって、強く心に残りました。

　例えば、「一人が美しい」という価値語を教室の中で示したとしても、初めて聞いた言葉は、そのままでは子どもの中に入っていきません。言葉は実感と結びついて初めて生きたものになるのです。
　先日訪問した学校で2年生の教室で授業をさせていただきました。そのクラスの担任の先生は、2年生にも積極的に価値語の指導をされていました。授業の中で、少し難しかった私の問いかけに、最前列の男の子が元気よく一人だけ手を挙げてくれました。すると、それを見た隣の席の女の子が「一人が美しい！」と、元気よく言いました。
　私は、新しく知った言葉は使いたくなるということや、言葉は実体験を求めるということを、改めて確信しました。

おわりに

　教職を辞して、1年半が経ちました。
　年間200か所以上で講演やセミナー、飛込授業などをさせていただく充実した日々を過ごしています。

　そうした中で、学校や委員会からだけでなく、PTAや地域で子育て支援の活動をされている団体やNPO法人、さらには介護や建設の現場で働く人たちの集まりなどから、
「『コミュニケーション教育』についてお話を聞かせてください」
　という依頼をいただくようにもなりました。
「コミュニケーション教育」の必要性が大きく注目されていると同時に、それを学ぶ場がなかなかないという現状を知ることにもなりました。

　本書の第4章でも書きましたが、そうした学校以外の場や、大人を対象とした場に足を運べば運ぶほど、「大人も子どもも一緒でしょ」との思いを強くしています。さらに言えば、「学校も家庭も一緒でしょ」との思いももっています。

公益財団法人介護労働安定センター熊本支部主催による「大人版　菊池学級」

私がコミュニケーション教育を教室で始めた当時は、それを解説した教育書がなかったため、その手法の多くをビジネス書から学びました。子どもたちが親しみやすいようにアレンジをしたり、学校という場にふさわしいように修正したりして、創り上げていったのです
　ですから、それは社会でも家庭でも使っていただけるものです。
　社会全体がコミュニケーション力を必要としているのならば、社会全体でコミュニケーション力を高めるための取り組みを、身近なところから始めていただきたいという提案の意味をもって本書をまとめました。

　私は、教室の子どもたちを見ながら、「この子が大きくなったら、きっと自分なんかより立派な大人に成長する」といつも思い、その気持ちで接してきました。家庭での保護者の方々の思いも同じでしょう。
　未来を生きる子どもたちが、社会を主体的に生き抜いていくための豊かなコミュニケーション力を身につけられるようにすることが、大人の私たちの責務だと思っています。

　本書は、私が、地元福岡の西日本リビング新聞社の「リビング北九州」および「リビング福岡」に連載させていただいた原稿を加筆・修正し、新たな原稿を加えて一冊にまとめたものです。書籍化を快くご了解いただいた西日本リビング新聞社様に感謝申し上げます。
　中村堂社長中村宏隆氏には、今回も企画から構成までお世話になりました。

　この本を読まれた方がコミュニケーション教育に少しでも興味をもたれ、豊かなコミュニケーションがあふれるよりよい社会が実現することを願っています。

　　　　　　　　　2016年11月1日　菊池道場　道場長　菊池省三

本書は、西日本リビング新聞社が発行する「リビング北九州」および「リビング福岡」に、2007年4月から2010年3月までに著者が寄稿し連載された「親子でコミュニケーション術」「学校から学ぶ子育て術」を加筆・修正するとともに、新たな15項目を書き起こして、再編集したものです。

●著者紹介
菊池省三（きくち・しょうぞう）
1959年愛媛県生まれ。「菊池道場」道場長。元福岡県北九州市公立小学校教諭。山口大学教育学部卒業。文部科学省の「『熟議』に基づく教育政策形成の在り方に関する懇談会」委員。平成28年度　高知県いの町教育特使。大分県中津市教育スーパーアドバイザー。三重県松阪市学級経営マイスター。著書は、「個の確立した集団を育てる　ほめ言葉のシャワー　決定版」「1時間の授業で子どもを育てる　コミュニケーション術100」「1年間を見通した 白熱する教室のつくり方」「価値語100ハンドブック」「人間を育てる　菊池道場流　作文の指導」「『話し合い力』を育てる　コミュニケーションゲーム62」（以上、中村堂）など多数。

※2016年11月1日現在

コミュニケーション力豊かな子どもを育てる
家庭でできる51のポイント

2016年12月15日　第1刷発行

　著　／菊池省三
発行者／中村宏隆
発行所／株式会社　中村堂
　　　　〒104-0043　東京都中央区湊3-11-7
　　　　湊92ビル4F
　　　　Tel.03-5244-9939　Fax.03-5244-9938
　　　　ホームページアドレス　http://www.nakadoh.com

表紙デザイン／佐藤友美
印刷・製本／新日本印刷株式会社

Ⓒ Syozo Kikuchi
◆定価はカバーに記載してあります。
◆乱丁・落丁の場合はお取り替えいたします。

ISBN978-4-907571-33-7

中村堂　菊池省三先生の「価値語」シリーズ

考え方や行動をプラスの方向に導く
価値語100ハンドブック

「価値語」は、菊池省三先生の造語で、「考え方や行動をプラスの方向に導く」価値ある数々の言葉のことです

300語以上の「価値語」から厳選した100語の意味を写真ともに紹介

著　菊池省三　本間正人　菊池道場広島支部
四六判　240p
定価　本体2,000円＋税　ISBN978-4-907571-22-1

大型壁掛け用　菊池省三先生の
価値語日めくりカレンダー

教室や家庭に掲示して、
子どもを育む日めくりカレンダー
- ●31種類の「価値語」日めくりカレンダー
- ●裏面は低学年でも使える総ルビ版
- ●お子様へのプレゼントにも最適

著　菊池省三
横210mm×縦420mm　33枚（表裏66面）　オールカラー
定価　本体2,500円＋税　ISBN978-4-907571-09-2

卓上版　菊池省三先生の
価値語日めくりカレンダー

- ●低学年でも使える総ルビ付き
- ●壁に掛けても使えます
　　※内容は、壁掛け用と同じです

著　菊池省三
横180mm×縦145mm　17枚（表裏34面）　オールカラー
定価　本体1,500円＋税　ISBN978-4-907571-32-0